BERRE BAIXO!

BERRE BAIXO!
21 DIAS PARA PARAR DE GRITAR COM SEU FILHO

Magda Gomes Dias

MANOLE

Copyright © Magda Gomes Dias, 2016. Todos os direitos reservados.
Publicado mediante acordo com Letras & Diálogos, Editorial Presença, Portugal.

Produção editorial: Cláudia Lahr Tetzlaff e Flávia Pereira
Revisão e adaptação do texto para o português do Brasil: Ira Borges e Lígia Alves
Diagramação: Lira Editorial

Capa: Ricardo Yoshiaki Nitta Rodrigues
Imagem da capa: Istockphoto

CIP-BRASIL. CATALOGAÇÃO NA PUBLICAÇÃO
SINDICATO NACIONAL DOS EDITORES DE LIVROS, RJ

D533g

Dias, Magda Gomes
    Berre baixo! 21 dias para parar de gritar com seu filho. Magda Gomes
Dias. – 1. ed. – Santana de Parnaíba [SP]: Manole, 2022.
    15,5x22,5 cm

    ISBN 9786555766790

    1. Psicologia infantil. 2. Educação de crianças. 3. Disciplina infantil.
4. Parentalidade. I. Título.

21-74515   CDD: 649.1
                                CDU: 649.1

Meri Gleice Rodrigues de Souza – Bibliotecária – CRB-7/6439

Todos os direitos reservados.
Nenhuma parte desta publicação poderá ser reproduzida, por qualquer processo,
sem a permissão expressa dos editores.
É proibida a reprodução por fotocópia.

A Editora Manole é filiada à ABDR – Associação Brasileira de Direitos Reprográficos.

Os nomes e as características dos pais e das crianças citados na obra foram modificados a
fim de preservar a identidade.

Edição brasileira – 2022

Direitos em língua portuguesa adquiridos pela:
Editora Manole Ltda.
Alameda América, 876 – Tamboré
Santana de Parnaíba
06543-315 – SP – Brasil
Fone: (11) 4196-6000 | www.manole.com.br | https://atendimento.manole.com.br
Impresso no Brasil | *Printed in Brazil*

*A todos os pais com quem trabalhei e que fizeram
acontecer este desafio nas suas vidas.
E a todos aqueles que entram hoje nesta aventura!*

SUMÁRIO

Manifesto VIII

Introdução IX

As regras do desafio XI

Compromisso XII

Como este livro está organizado? XIII

(1ª semana)
Tomar consciência dos comportamentos. 1

1.1 Há uma diferença entre repreender e gritar 5

1.2 Diagnóstico: que tipo de mãe/pai você é?. 6

1.3 Autossabotagem 20

1.4 O que você já pode fazer para deixar mesmo de gritar?. 22

1.5 O "comando da voz calma" 26

Semana 1: a tomada de consciência 28

Sessão de *coaching:* semana 1. 29

(2ª semana)
A relação que criamos com os nossos filhos 35

2.1 Conecte-se 37

2.2 Diferença entre castigo e consequência. 40

2.3 O que é e como fazer autorregulação? .41

2.4 De uma relação de conflito a uma relação cheia de significado.....45

2.5 Como estimular a autoestima do seu filho? 46

2.6 Nove estratégias para você trabalhar o vínculo
e a relação, todos os dias...48

2.7 Trabalhe a retaguarda...53

2.8 As quatro regras de ouro para escutar melhor 55

2.9 Três passos a dar depois de ter gritado com o seu filho 57

2.10 As novas tecnologias e o tempo perdido 59

Semana 2: o vínculo 62

Sessão de *coaching*: semana 2 63

(3ª semana)
Estágio..67

3.1 Um estágio de uma semana 69

3.2 A técnica do espelho...71

3.3 Salvar os sentimentos dos nossos filhos 72

3.4 As dez situações que nos deixam à beira de um
ataque de nervos 74

Semana 3: o estágio 95

Sessão de *coaching*: semana 3 96

(4ª semana)
Maturidade 99

4.1 Encontre o seu lugar como mãe/pai............................101

4.2 O senso de humor é um grande aliado! 104

4.3 Estratégias para viver momentos de valor em família.............105

4.4 Encontre um apoio 108

Semana 4: a maturidade...109

Sessão de *coaching*: semana 4 110

Uma última palavra..113

Agradecimentos...115

Autores que gosto de ler 117

MANIFESTO

Berre baixo!

Gritar com os meus filhos não me serve.

Gritar com os meus filhos não mostra o adulto que sou.

Gritar com os meus filhos não me deixa mostrar a mãe/o pai que quero ser.

Por isso, crio, conscientemente, dias mais felizes e melhores, porque acredito que todos merecemos ter uma boa vida.

Na verdade, sei agora que há muito poucas coisas importantes na vida.

Assim, paro para escutar e honrar a presença dos meus filhos.

Estou grato(a) pelos momentos de pausa que aprendi a fazer e também pelas oportunidades que a vida me dá para ensinar e orientar os meus filhos.

Trato os meus filhos com respeito, dignidade e procuro, nos seus corações, a bondade e a vontade que sei que existem em todos os seres humanos. Os meus filhos merecem ter alguém na sua vida que lhes lembre de que essas coisas estão lá.

E porque sei que a melhor forma de salvar o mundo é transformar o modo como se educa as crianças; melhoro-me para fazer isso.

Estou mais presente na minha vida, sem distrações, dedicando-me ao que realmente tem significado para mim. Assim é uma vida séria, que vale a pena viver.

Sei que um dia agradecerei por não ter ignorado tudo isto.

INTRODUÇÃO

O objetivo não é a perfeição.
O objetivo é a sua melhoria contínua.

Ninguém tem filhos para se zangar, gritar, castigar ou repreender o tempo todo. Temos filhos porque o nosso amor transbordou do coração. Temos filhos porque nos sentimos capazes de educar uma criança, dando-lhe o melhor de nós. Temos filhos porque temos fé no futuro e na nossa capacidade de fazer e ser melhor, todos os dias.

Por isso mesmo, é terrível começar as manhãs com ameaças, tais como:

"Quer ver eu me chatear com você logo de manhã?"

"O quê? Vai começar com isso logo de manhã?"

"Parece mesmo que você quer que sua mãe fique triste, não é? Você gosta de me ver triste, não é?"

"Pelo amor de Deus, menino. Não tem uma manhã em que você me dê algum sossego?"

É bem possível que nos perguntemos:

— Como é que todos os dias é a mesma coisa?

— Como é possível que as crianças não cooperem conosco?

— Como é possível que não sejamos capazes de nos controlar mesmo antes das nove da manhã?

Assim, em vez de mostrarmos o nosso melhor, libertamos toda a raiva que temos, revelando o pior que temos em nós.

Este não é, portanto, um livro com o objetivo único de levá-lo a deixar de gritar com o seu filho. O livro que você segura tem um propósito maior: transformar a sua relação com os seus filhos, para que você possa viver, na totalidade, a alegria que é ser mãe/pai deles.

Sei que isso é possível e também sei que o mais mágico desse processo não é o alcance da perfeição, e sim a sua melhoria contínua. A perfeição é demasiado maçante, finita e irreal. Você se transforma, os seus filhos também, o mundo melhora. A transformação e a melhoria contínua são alcançáveis e desejáveis. O investimento que você faz em si mesmo e na sua construção, dia após dia, é profundamente inspirador, e os seus filhos perceberão que podemos ser melhores.

Em 21 dias. Quatro semanas (sim, está correto, são mesmo quatro!).

Alguns especialistas dizem que demoramos cerca de 21 dias para mudar comportamentos. Outros, que demora um pouco mais. Mais ou menos, para ter a certeza de que a transformação aconteça e para garantir que você atinja o seu objetivo, levo este desafio um pouco mais longe. Estarei com você durante quatro semanas (mais uma semana para aplaudir o seu percurso), a puxar você e a lembrar-lhe de que é possível deixar de berrar. O prêmio, no final, é seu: uma relação parental extraordinária.

Como se processa essa transformação? Como você vai deixar de berrar ou de falar alto?

Há quem diga que não consegue fazê-lo. Que já tentou, que até fez um esforço, mas não deu. Quando você ler as regras do desafio, saberá que a palavra "tentar" não faz mais parte do seu léxico. Tentar é condenar algo ao fracasso, mesmo antes de experimentar. Alguma parte de você lhe permite falhar quando tenta. Por quê? Porque, quando você usa a expressão "tentar", coloca na equação a expressão "falhar" – você conta com ela mesmo que deseje vencer. Seja para usar como estratégia de defesa ("disse que ia tentar, mas não garanti nada"), seja para não se comprometer, seja porque se habituou a falar assim, a verdade é uma só: tentar não basta! É preciso fazer!

E é aí que a magia acontece! Dizem que "comer e coçar é só começar". O que também é válido para o berrar baixo. Como já mencionado, levamos 21 dias para eliminar um comportamento, e sete para criar e reforçar um novo. Então, vamos lá, este é o momento ideal para eliminar esse hábito! Quanto mais vezes você controlar o seu impulso, mais se sentirá capaz, mais se conhecerá, e mais depressa antecipará os momentos em que iria berrar. E, não menos importante, você munirá seu cérebro com ferramentas que o tornarão capaz de deixar de reagir por impulso. Não é maravilhoso? Você habituará o seu cérebro a gerir bem, com maturidade (própria de um(a) adulto(a), de uma mãe/um pai) e sabedoria, as situações que hoje lhe fazem gritar.

É esse o desafio que lanço a você. Está entusiasmado(a)?

Eu também! Vamos lá!

Antes de mais nada, você deve conhecer as regras deste desafio. Aqui estão elas.

AS REGRAS DO DESAFIO

1. O objetivo deste desafio não é apenas deixar de gritar. O grande objetivo é criar uma relação harmoniosa e feliz em sua casa. Prometo que, no final do mês, você se conhecerá melhor, saberá melhor quem são os seus filhos e, como resultado dessa experiência, terá menos vontade de "dar dois berros".

2. O objetivo é conseguir eliminar a frase "Queria muito não gritar tanto", e dizer "Já não grito como antes! Nem preciso!".

3. O objetivo deste desafio é provar para você que educar crianças não é fácil (mas você não precisa de prova para isso, não é?) e que não é porque gritamos mais ou menos que se torna mais fácil.

4. Use a culpa a seu favor. Na verdade, é só para isso que ela serve: para nos dar uma noção interior sobre aquilo que estamos fazendo, se está alinhado com as nossas intenções e valores. Não está? Então, quem chama sua atenção é a culpa. Está na hora de você melhorar algo ou de fazer algo diferente. Não fazer nada só lhe deixará mais culpado(a) e sentindo-se pior. E isso não serve pra você.

5. Perigo iminente? Por exemplo, se o seu filho vai se queimar, ou se você o vê atravessando a rua... Grite, berre, salte e vire de cabeça pra baixo! Mas vá lá! É o único momento em que você tem mesmo que gritar!

6. Perdeu a calma? Habitue-se a verbalizar de forma coerente e firme (o objetivo não é deixar de dizer as coisas, muito pelo contrário). Diga o que quiser dizer. Esse treino também é importante para as outras relações.

7. O objetivo deste desafio também é eliminar as tensões em casa. Gritar deixa todo mundo tenso.

8. Gritar é diferente de repreender, de explicar, de afirmar, de exigir, de educar. É difícil, sei que sim! Mas também sei que é possível. Um dia fazemos melhor e no outro parece que deixamos de saber fazer. É assim mesmo. Chama-se "aprendizagem".

9. Não tente – tentar não é fazer. Tentar é sabotar a ação antes mesmo de tê-la experimentado. Tentar é quase uma sentença de morte à tentativa que ainda não foi tentada.
10. Quer uma dica para isso dar certo? Você pode imaginar que estou observando você, tipo *Big Brother*! É uma ideia que às vezes dá certo! Mas, acima de tudo, lembre-se de que está lidando com os seus filhos, com aqueles que mais confiam em você.

Agora que já conhece as regras, desafio você a se registrar na página *mumstheboss.com* para começar a receber, duas vezes por semana, inspiração para colocar em prática este desafio do *Berre baixo!*.

O registro não é obrigatório, mas é um excelente acompanhamento. Você sentirá o apoio de que necessita e poderá também fazer *download* do manifesto do Berre baixo! e das regras, para usá-los como lembrete, sempre que necessário. Além de conteúdos sobre este tema, o registro lhe permite o acesso, via *link*, a uma área multimídia e você terá a oportunidade de usar o selo *Berrar baixo*.

Antes de continuarmos, você deve assinar o seu compromisso com este desafio!

COMPROMISSO

Eu, _____, assumo sob compromisso de honra que realizarei este desafio de forma séria e empenhada.
O meu grande objetivo é _____
Confirmo que li e estou consciente das regras. Confirmo que li e que subscrevo o manifesto deste desafio. Por ser esta a minha vontade, assino este compromisso.

Assinatura: _____
Data: _____

COMO ESTE LIVRO ESTÁ ORGANIZADO?

Assinado o compromisso, vou lhe explicar como funciona este livro.

São quatro as semanas deste desafio, e o objetivo é que, no final, a sua relação parental tenha subido de nível e que, com isso, você deixe de gritar.

Semana 1 — A tomada de consciência

Durante a primeira semana você tomará consciência do que faz você gritar e, a seguir, conhecerá as dicas, as orientações, e ficará sabendo o que dizer a essa altura. Sim, é isso mesmo, eu lhe darei as frases certas.

Além disso, no final de cada semana você fará uma sessão de *coaching* – essa é uma das partes mais sérias deste desafio. Por isso, se você quer mesmo assegurar-se de que terminará o desafio com sucesso, garanta que passará por aqui.

Finalmente, o livro está cheio de testemunhos de pessoas que já viveram o desafio e com as quais você se identificará.

Semana 2 — O vínculo

Depois de olhar para si mesmo e de ficar sabendo o que lhe deixa à beira de um ataque de nervos, você olhará para a relação que tem criado com o seu filho, e esta é a semana em que investirá neste ponto que é o mais crucial das quatro semanas. Neste capítulo eu lhe digo como se faz isso todos os dias, equilibrando firmeza, carinho e paciência.

Semana 3 — O estágio

Ao entrar nesta semana, considere-se oficialmente em estágio. Esta é a semana mais prática das quatro semanas do desafio. Durante este período você conhecerá casos muito semelhantes ao seu, passará a conhecer as linhas de orientação e experimentará tudo em casa. E também fará muitas anotações.

Semana 4 — A maturidade

É a última semana. Aquela em que você termina o desafio. E é a semana em que você dará mais um passo à frente. Sei que você estará mais sereno(a) e tranquilo(a), porque o *Berre baixo!* irá revolucionar a forma como passa a ver a dinâmica com as crianças. Não sou só eu que digo isso, mas todos os que já passaram por ele. É a semana em que você percebe que, de fato, a transformação é um processo mágico!

COMO USAR O DESAFIO *BERRE BAIXO!* NAS ESCOLAS

Muitos educadores e professores têm o mesmo desejo que os pais: deixar de gritar com as suas crianças nas salas de aula.

O desafio *Berre baixo!* já foi testado em várias escolas, pelos educadores, auxiliares e professores, e com muito sucesso. Educar uma criança é um trabalho extraordinário e que pode ser, também, muito cansativo.

Como usar este desafio? Independentemente dos nossos papéis – somos sempre educadores de crianças, e as dinâmicas com frequência são as mesmas –, o objetivo do livro é dar-lhe as ferramentas necessárias para que você deixe de gritar. As estratégias que este livro oferece são para quem quer comunicar-se de uma forma mais adequada, serena e firme ao mesmo tempo. Seja mãe/pai ou educador. Ou ambos.

(1ª SEMANA)

TOMAR CONSCIÊNCIA DOS COMPORTAMENTOS

"Pelo menos três vezes por dia pare e questione-se sobre o que é realmente importante. Tenha a sabedoria e a coragem de construir a sua vida em torno dessa questão."

Lee Jampolsky

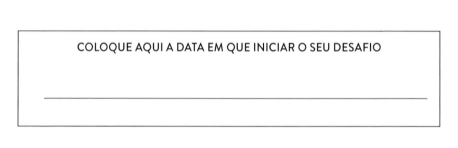

1.

Na primeira semana deste desafio, tomamos consciência dos nossos comportamentos e da forma como atuamos. Não tenha ilusões, este livro não vai mudar o seu filho. Vai transformar você! Sim, você!

A criança deve sentir que está sendo educada por um adulto. Um adulto é alguém que tem autocontrole e que sabe gerenciar as suas emoções, sem atuar com base no impulso. Isso dá segurança à criança.

Vamos começar pelo início e descobrir o que faz você gritar. E não, não é o seu filho que lhe faz gritar. Na verdade, você grita porque decidiu assim. Podem ter muitos motivos e em momentos diferentes. Podem ser situações que você controla ou que estão fora do seu alcance.

Exemplos de situações que você não controla:

- A mudança do tempo.
- O trânsito.
- O seu filho ter ficado com febre à noite.
- Estar quase chegando à escola e o seu filho vomitar no carro.
- TPM (tensão pré-menstrual).

Exemplos de situações que você controla:

- Acordar mais cedo e ter deixado tudo pronto na véspera.
- Verificar o que há de novo na semana que se inicia (atividades das crianças, pagamentos a fazer).
- Ter, no porta-malas do carro, uma mochila com suplementos que ajudam a dar um jeito (toalhas, muda de roupa, saco plástico para colocar a roupa suja etc.).

Exemplos de acontecimentos sobre os quais todos os pais falam:

- Quando os seus filhos não lhe ouvem.
- Quando os seus filhos brigam.
- Quando você e o/a seu/sua marido/mulher não estão alinhados.
- A desarrumação da casa.
- Quando não se apressam.

O primeiro mês sem gritos é alucinante. Tanto estamos motivadas e eufóricas como só nos interessa abrir a boca e gritar outra vez.

Sabia que precisava acabar com os gritos, com os "zumbidos" e com mil e uma coisas que me faziam ir dormir cheia de culpa e que sabia que estavam minando a minha relação com os meus filhos e o ambiente em casa.

E fazer o desafio foi extraordinário. Do outro lado chegavam imensas ideias (agora óbvias), sugestões e rotinas que me ajudaram muito e que tanto fizeram (e fazem) pela minha família.

Maria, mãe de três crianças com 1, 3 e 5 anos.

Dez impactos que acontecem quando você grita com o seu filho

1. O seu filho chora.
2. O seu filho fica com medo.
3. Você torna os pequenos problemas em algo gigantesco.
4. Você fica ainda mais irritado(a) e nervoso(a)... e grita mais.
5. Você fica com ar de louco(a).
6. As pessoas acreditam que você tem dificuldade para se controlar.
7. As pessoas acham que o seu filho não tem educação.

TOMAR CONSCIÊNCIA DOS COMPORTAMENTOS

8. As pessoas pensam: "coitado(a), não controla o filho".
9. Você chora.
10. Você se sente culpado(a).

1.1 Há uma diferença entre repreender e gritar

Fico sempre com a impressão de que, embora os pais desejem deixar de gritar, a verdade é que muitos se perguntam se agora não podem repreender os seus filhos.

Talvez haja aqui um mal-entendido que é importante esclarecer primeiramente. Se por repreender você entende chamar a atenção, lembrar, mostrar-se desapontado(a)/chateado(a) com uma situação e, a seguir, orientar e indicar o comportamento do seu filho, então, por favor, continue a repreender! Fique sabendo, no entanto, que você não deve fazê-lo aos gritos ou agressivamente, mas também não tem que fazê-lo em um tom que nada tenha a ver com a situação. Em bom português, "seja coerente".

Se o seu filho sabe que não deve atirar o controle remoto da TV ao chão e continua a fazê-lo, não precisa lhe dizer isso em um tom *zen,* sobretudo se você não está assim tão *zen:* "Meu querido João, a mãe/o pai já disse que o controle não é para ser atirado ao chão. Por favor, não volte a repetir isso". Pode dizer tudo isso com firmeza e calma, mas de uma forma inequívoca e séria. E sem gritar! E também pode guardar o controle, caso o seu filho não seja capaz de usá-lo de forma adequada, sem estragar!

Por favor, treine essa firmeza, simule, faça de conta (estou mesmo falando sério!). Quanto mais você treinar, mais depressa chegará ao tom com o qual quer dizer as coisas... sem ter que gritar. Quer apostar?

Gritava porque ficava irritada, porque me disseram que supunha-se que as crianças obedecessem aos pais e estivessem sossegadas, porque achava que tinha o direito de ser intolerante e caprichosa. Mas estava profundamente errada. Os meus filhos são pessoas como eu. Tive que jogar fora todas essas crenças. Eram crenças que supostamente me davam algum poder na relação. Nada mais errado!

Magda Vale, 36 anos, mãe do João, de 7 anos,
e da Maria do Mar, de 4 meses.

Depois de aderir a este desafio do *Berre baixo!*, a maior parte dos pais não acredita na violência com que gritava com os filhos. Tenho a certeza de que, se filmassem e se vissem, bom, talvez fosse uma cena que dificilmente conseguiriam esquecer.

Logo na primeira semana do desafio percebemos que, na maior parte das vezes, gritamos pelos motivos errados. Tomamos consciência do tipo de relação que temos com os nossos filhos. Para lhe ajudar nessa tarefa, há um questionário mais à frente.

Por mais irônico que pareça, a verdade é que, na maior parte das vezes, não gritamos por causa dos nossos filhos. Vamos ser honestos – temos cada vez menos paciência! E, de alguma forma, parece haver certa normalidade no ato de gritar com as crianças. Não se iluda, é mesmo só uma aparente normalidade. Se você já leu sobre Educação e Parentalidade Positiva, sabe que é uma filosofia que tem por base o respeito mútuo e que, porque esse respeito mútuo existe, não há lugar para que as partes sejam tratadas com maior ou menor valor, nem para ameaças, subornos ou humilhações. Tal como não há permissividade. Tudo isso pode parecer um pouco complicado de conjugar no início, sobretudo porque é um rompimento total com a forma como fomos educados e como aprendemos a ver e a fazer. A boa notícia é que é possível! Contudo, não caia na ilusão de que na Parentalidade Positiva a fórmula é "felizes para sempre", porque aquela não anula as discussões nem as birras, nem deseja, como já sabe, que você seja perfeito(a) – isso não existe! Na verdade, você sabe isso tão bem quanto eu: nenhuma relação está isenta de conflito. O grande objetivo de quem pratica a Parentalidade Positiva não é mudar a criança nem o seu comportamento para conseguir o que se quer, mas antes criar uma relação com significado, tendo por base o respeito mútuo, a honestidade e a empatia, que irão florescer em forma de amor no coração de todos os envolvidos.

1.2 Diagnóstico: que tipo de mãe/pai você é?

Se é verdade que todos os filhos são diferentes, o mesmo se aplica a nós, pais. Por isso, e antes de continuar a ler, é importante que você faça este teste.

Como sabe, existem vários diagnósticos possíveis e várias categorias – é à escolha do freguês! Este é mais um, e vai ajudar-nos a perceber quem somos na qualidade de pais e qual é a nossa tendência natural quando lidamos com as crianças.

Procure responder às questões sem pensar muito – não há certos nem errados. Em princípio, a primeira resposta é a mais verdadeira, por ser a mais espontânea. O objetivo é conhecer-se e saber quem você é. Depois, o que é que se segue? Seguem-se frases que guiarão e inspirarão você a tirar a tensão das situações. Anote-as e decore-as, até porque passarão a fazer parte da sua vida.

Preparado?

Coloque os seguintes símbolos à frente de cada uma das frases.
Nunca — ▲
Às vezes — ●
Com regularidade — ★
Sempre — ♥

Parte 1

Trabalho muito e atinjo mais resultados do que a maior parte das pessoas.
Acredito que consigo fazer a maior parte das tarefas melhor do que os outros.
Dou o meu melhor sempre que me meto em alguma coisa.
Procuro ser perfeito(a).
Por norma, sei o que é melhor e pior.

Parte 2

Sou o ás do *multitasking* – sempre fazendo coisas!
Procuro fazer as coisas com condições.
Gosto de ter tudo controlado.
Gosto muito de tratar e de ajudar os outros.
Gosto de ser eu quem manda.

Parte 3

Gosto muito que reconheçam o meu trabalho.

Tenho dificuldade em dizer não.

Se eu posso fazer, não gosto de pedir aos outros.

É verdade que muitas vezes faço coisas para os outros porque não consigo lhes dizer que não.

Sentir que as pessoas gostam de mim é muito importante.

Parte 4

Não lido bem com o estresse.

Não gosto de discussões nem de conflitos.

Não tenho jeito para mandar.

Por vezes, sinto-me pouco capaz, desajeitado(a).

Prefiro ser orientado(a) a ter que decidir.

Valores

▲ = 1 ponto

● = 2 pontos

★ = 3 pontos

♥ = 4 pontos

Some os valores de cada parte e veja em qual você teve maior pontuação. Essa é a sua "gaveta". A seguir descrevo um retrato dos diferentes tipos de mães/pais que encontro nas minhas palestras e consultas.

1. Aqui quem sabe é a mãe/o pai.
2. A mãe/o pai faz o que você quiser.
3. Deixe a mãe/o pai ver isso já!
4. Pode deixar que a mãe/o pai faz.

Vá para a sua gaveta agora!

1. Aqui quem sabe é a mãe/o pai

Tenho a certeza de que você é uma pessoa ambiciosa, cuidada, muito atenta e até perspicaz. Você tem um lado perfeccionista e um pouco de mania de que

TOMAR CONSCIÊNCIA DOS COMPORTAMENTOS

é você quem sabe. É assim mesmo e não há problema nenhum nisso. É uma pessoa esforçada, dedicada e não gosta muito de que as coisas falhem. Os seus filhos andam sempre impecáveis, têm boas maneiras (ai deles se não tiverem!), comportam-se muito bem! Está sempre atento(a): "dê dois beijinhos", "diga obrigado", "vamos jantar com uns amigos dos pais, não me façam passar vergonha", "já viu como está seu cabelo?", "que letra medonha é essa?", "isso é quarto que se apresente?".

O seu objetivo é que os seus filhos estejam atentos a esses pontos que são tão importantes. O esforço e o trabalho são fundamentais para você, e deseja que eles percebam isso mesmo. Na vida nada se consegue sem esforço.

Porém, com tanta superioridade, você corre o risco de desencorajar os seus filhos, que poderão ficar com a sensação de que, com tantas observações, correções e chamadas de atenção, não valerá a pena sequer tentarem, porque nunca estarão à sua altura.

Como melhorar?

Não tenha medo de melhorar continuamente; aliás, deseje que isso aconteça! E, sim, as mudanças não têm que ser grandes. Na verdade, neste caso, são as pequenas coisas que farão toda a diferença.

Por onde começar?

a) Pergunte mais e passe a dar menos ordens

Sim, é verdade que em casa quem dita as regras são os pais, mas também é uma grande verdade que estamos sempre, sempre, dando ordens. Isso é meio caminho andado para as crianças se sentirem irritadas (ninguém gosta de ter outra pessoa sempre em cima, com o dedo em riste, corrigindo — mesmo as crianças) e passarem a ser mais desafiadoras ou negligentes. Ou pior, as duas coisas! Então, passe a perguntar mais [sim, isso tudo, faça de conta que você é um(a) inspetor(a)!] e a afirmar de forma diferente. Finalmente, lembre-se de envolver os seus filhos nas tarefas e na vida em casa.

As frases certas:

— João, a mochila está perto da porta de casa (ele sabe que é para ir tirar a mochila, não precisa lhe dar a ordem, precisa apenas lembrá-lo).

— Uiiiii, rapaz, que bigode lindo e branquinho! Hummm... daqui a pouco saímos para a escola. Você vai de bigode (ler e dizer com um sorriso!)?

— São sete da noite e reparei que os trabalhos de casa ainda não estão feitos (quando muito, e dependendo do tipo de resposta, adicione um "Precisa de ajuda?").

— Hummm... o que você acha do seu trabalho? (E só depois da resposta da criança...) E se recomeçássemos? Eu sei que você sabe fazer melhor do que isso.

b) Mostre-lhe que você gosta dele

Com tanta correção, com tantas lembranças, com tantas chamadas de atenção, dá a sensação de que eles não são suficientemente bons para você e que, possivelmente, não estão à sua altura. Isso, traduzido na língua dos pequenos, pode dar-lhes a entender que você não gosta tanto deles quanto isso. Eu sei que não é nada disso... mas é muito possível que eles se sintam assim de vez em quando.

Na verdade, as palavras "gosto muito de você" têm pouco valor. As crianças (tal como gente grande) sentem o amor pelo tipo de experiências que têm com você. Percebe-se isso na gentileza dos seus gestos, na generosidade com que você se agacha e os ajuda a colocar a fita de velcro no lugar para fechar o tênis, por exemplo. Percebe-se quando você sabe que ele vai ter um teste e vai até o quarto dele para dar-lhe um beijinho e dizer que, se ele precisar de ajuda, você estará por ali.

Por se sentir mais amado, ele dará o que tem de melhor na forma como se relaciona com o mundo e com as pessoas (e, portanto, com você também).

As frases certas:

Bom, neste caso, os gestos são mais importantes do que as frases certas. Releia a alínea b e mostre-lhe, por gestos, olhares e sorrisos.

c) Escute mais

Parece elementar, mas, na prática, somos muito ruins para escutar. Para escutar da forma como deve ser, use as frases seguintes.

As frases certas:

— Oh, é sério? Não me diga!

— E que mais? Conte-me mais, quero saber tudo!

— Adoro ouvir você!

Faça gestos com a cabeça, arregale os olhos, sorria! Quanto mais nos sentirmos ouvidos, mais disponíveis estamos para escutar quem nos escuta e também para partilhar mais. Isso é algo que queremos que os nossos filhos façam conosco.

d) Dê-lhes poder

Bom, este talvez possa ser um dos pontos em que você terá que trabalhar mais. A minha sugestão é que você passe a escutar mais e melhor, e a valorizar as suas sugestões. Você não tem que saber tudo, e para a mesma situação não há só uma resposta certa. Negociar é uma excelente ferramenta a desenvolver com as crianças; aliás, nós é que somos maus negociadores. Envolva-os nas situações – deixe-os organizar um jantar, a festa surpresa da avó, e confie neles; é o que eles procuram.

Depois, dê-lhes um *feedback*. Como? Olhando para o que fizeram e descrevendo-o.

As frases certas:

— João Maria, eu nem quero acreditar: olhe para os lençóis tão esticadinhos. Caramba, você aprimorou isto!

— Como é, vamos ver os cavalos no centro hípico ou vamos dar um passeio na marginal? Hoje são vocês que decidem.

— Você leva o carrinho de compras enquanto vou colocando as coisas dentro? (quando são pequenos e não sabem ler).

— Eu levo o carrinho de compras e você segue a lista e coloca tudo aqui dentro? (quando são um pouco maiores e já sabem ler).

À medida que ia fazendo o desafio, fui percebendo que realmente tenho a mania de que sou a melhor. Usava os berros para chamar a atenção das crianças e também para que fossem mais rápidos. Fartava-me de dar ordens, de opinar e nunca os deixava decidir nem mostrava grande confiança neles. Achava que gritava só de vez em quando, mas na primeira semana levei um grande susto: a minha forma de me comunicar com os meus filhos era essa... Foi um processo no mínimo curioso, porque a verdade é que tive que me colocar em dúvida algumas vezes e percebi que o perfeccionismo tem dimensões em que não é de modo algum uma virtude.
Depois de ter feito o diagnóstico, decidi mudar a forma como me comunicava com as crianças. Sempre que me dava conta, deixava de dar tantos "palpites" e passava a fazer perguntas – umas com genuína curiosidade, outras menos, mas foi a forma inicial que me ajudou. O que ganhei com a técnica das questões? Que os meus filhos se tornassem mais participativos e cooperativos e eu diminuísse a minha necessidade de controlar tudo e todos.
Percebi também que não tenho de estar sempre mandando e orientando. Foi, certamente, o processo mais difícil. E é delicioso ver o tipo de soluções

*que as crianças descobrem. Finalmente, a tabela das tarefas da semana 3
foi a cereja do bolo.
Estou em processo de melhoria e estou adorando.*

Mafalda Aires, mãe do Gonçalo, de 7 anos,
e do Guilherme, de 9 anos.

2. A mãe/o pai faz o que você quiser

Você foge, muito rapidamente, de tudo o que possa se converter em aborrecimentos e rejeições. Na verdade, só para evitar o conflito, você aceita dizer sim mais vezes aos outros do que a si mesmo. É uma pessoa muito querida, muito disponível e adora que tudo à sua volta seja alegre e jovial. É tão disponível que acaba por fazer aos seus filhos aquilo que eles já sabem e são bem capazes de fazer sozinhos. Só que, para fugir da birra ou do "mãeeeeeee/paiiiiiii...", você dá um passo à frente e evita tudo isso. É possível que o ambiente familiar seja muito tranquilo, justamente porque, ao fazer todas as vontades, a todo mundo, o conflito não existe ou é reduzido. Depois há o outro lado da moeda: há dias em que você se pergunta como é que o seu filho pode lhe fazer aquilo – respondendo torto e mal, por exemplo, a você, que está sempre ali para ele. Então, nessas ocasiões, você se sente rejeitado(a), ignorado(a) e frustrado(a) e isso é profundamente desmoralizante.

Como melhorar?

— Quem é que lhe disse que você tem sempre que aceitar tudo e dizer sim a todos?

— Aprenda a falar sobre você e sobre os seus sentimentos.

— "Quando você joga o garfo no chão, sinto-me irritado(a) e gostaria que não voltasse a fazer isso. Decido que, quando isso voltar a acontecer, não vou pegar o garfo de novo." E, por favor, não pegue mesmo!

— Descubra o que lhe impede de dizer não mais vezes. O fato de, supostamente, devermos ajudar os outros? A sua necessidade de querer agradar? A sua incapacidade de lidar com aquilo que a pessoa poderá pensar de você? (Sabe mesmo o que ela pensará?)

— Pare de se justificar e de dar argumentos aos outros.

— Comece com os de fora e, devagarinho, com os mais próximos e com quem você tem mais dificuldade em ser afirmativo(a).

Por onde começar?

Procure ajuda para treinar a sua assertividade

Existem vários motivos pelos quais não somos assertivos. Muitos de nós fomos educados para agradar aos outros, ajudar e ser prestativos. Depois, ser assertivo não é uma competência que se promove na infância. Com frequência corrigimos, rimos e até pedimos desculpas por termos filhos assertivos – então, como podemos querer ser assertivos se lidamos mal até com a assertividade dos nossos filhos?

Nas sessões de *coaching* e aconselhamento é frequente referir-me à assertividade como um ato de coragem, porque é o momento em que deixamos de querer agradar ao outro e assumimos a nossa verdade, sem rodeios.

Há quem defina assertividade como a arte de dizer a coisa certa, à pessoa certa, no momento certo, com as palavras certas. É bonito de se ler, claro que é, e chega-se lá com algum treino, mas nem sempre é fácil ser assertivo em todos os momentos.

Assertividade é também uma forma de nos respeitarmos e de respeitar o outro. Quando dizemos a verdade a outra pessoa, estamos dizendo que ela a merece e estamos também respeitando a importância que o conteúdo dessa verdade tem na nossa vida.

Não confunda assertividade com a expressão "dizer-lhe a verdade que é para ele saber como é" – aí já temos um tom agressivo, de vingança ou provocação. Não é nada disso!

Deixe-se ser e deixe-se amar pelos seus – que o amam por quem você é e nao por aquilo que faz ou pelos panos quentes que coloca. Não tenha medo de se afirmar e de dizer quem você é e o que tem para dizer – isso também é importante. Você é importante!

Confie nos seus filhos. Você nao pode protege-los de tudo e isso nao tem que ser ruim, porque lhes dá oportunidades para descobrirem as suas ferramentas interiores e as estratégias que têm dentro deles para lidarem com essas situações e que, de outra forma, não seriam capazes.

As frases certas:
— Não me parece... (quando você não consegue dizer não logo no início).
— Prefiro fazer como lhe disse (quando você não consegue dizer não logo no início).

— Deixe-me pensar melhor (quem disse que você tinha que decidir tudo prontamente?).

— Não é porque você insiste que vou mudar de ideia.

— O que você pode fazer, meu filho, da próxima vez, para que isso não volte a acontecer?

— Vejo que você está chateado. Como você se vê resolvendo isso?

Este desafio foi tão importante para mim como para os meus filhos. É muito claro que os pais querem ajudar e proteger os filhos, mas este desafio me fez compreender que eu não os protegia – eu os abafava. Lembro-me de que um dia o mais novo se esqueceu do lanche e eu decidi chegar atrasada no trabalho para levar-lhe um pão com geleia de morango à escola. Quando cheguei lá, ele não me agradeceu e, ainda por cima, foi agressivo e disse que não queria o pão porque não gostava daquela geleia... a preferida dele! Não sei o que aconteceu, mas senti-me muito frustrada e envergonhada. Ele foi extremamente injusto comigo e não mereceu que eu fosse à escola por causa disso. Fui trabalhar emocionalmente abalada e não sabia o que fazer com um filho tão mal-agradecido.

Felizmente percebi que muito tinha a ver comigo – passei a ser mais assertiva (isso é um processo longo mas que estou gostando de passar por ele) e também passei a fazer com que os meus filhos se responsabilizassem mais por eles próprios e a serem, simultaneamente, também mais assertivos. A culpa era sempre dos outros e nada estava bom pra eles. Estão melhorando e sinto-me menos desapontada e inadequada.

Vera Cardoso, mãe do Vasco, de 6 anos, e do Manuel, de 8 anos.

3. Deixe a mãe/o pai ver isso já!

Aposto que, se você tivesse um *blog*, ele se chamaria "a mãe/o pai é que manda", porque quem manda em sua casa é você. Disso não há nenhuma dúvida. Você não suporta críticas, não tolera quem o coloca em dúvida e fica a ponto de perder a paciência com um "sim, mas...".

Como a sua necessidade é controlar, você usa todas as estratégias que tem ao alcance para colocá-la em prática: ameaças, humilhações, castigos, palmadas e até subornos ("Coma a sopinha que a mamãe deixa você ver os desenhos animados" entra na categoria de suborno, quer queira, quer não).

O que você ganha com isso? Guerras de poder.

Na verdade, com tanto controle e tão pouca liberdade, é natural que os seus filhos se revoltem, respondam e sejam mais atrevidos. Por quê? Porque não conseguem espaço para serem crianças, para respirarem e para se sentirem respeitados mesmo quando querem comer um chocolate antes da sopa. Nota: eles têm o direito de querer isso, mas não significa que seja possível. Acolher o seu desejo (mesmo sem o satisfazer) é meio caminho andado para eles aceitarem a sua decisão. Experimente para você ver!

Como melhorar?

Você tem mesmo que estar sempre controlando, corrigindo, orientando? Relaxe um pouco e observe mais e melhor os seus filhos.

Se eles precisarem que você vá até lá, vá e leve consigo meiguice, calma e paciência.

Elimine o "Já está/fez?".

Elimine o "Eu bem que falei!".

Elimine o "Por que você não me escuta?".

Por onde começar?

a) Crie oportunidades para o sim

Há alguns meses fui a um hipermercado com a minha filha. Fizemos algumas compras e, depois de termos pago, ela perguntou-me se podia levar o carrinho. Eu disse que não. Ela insistiu e eu disse logo que sim.

Na verdade, e com frequência, achamos que temos de mostrar às crianças quem manda e que elas não podem ter tudo como desejam, mas não devíamos fazê-lo nesse tom punitivo e de dedo em riste (de novo!).

Há demasiados momentos em que dizemos não às crianças. Passamos longe de imensas oportunidades para criar o sim – e é importante que você possa fazê-lo. Quer ver como? Dê uma olhada nas frases certas mais adiante.

b) Respire e escreva

Sei que isso pode parecer muito americano, mas é uma daquelas coisas que eles têm de bom. Pegue um papel e escreva quais são os valores mais importantes para a sua família. Depois, relaxe.

Assim, ao saber a sua orientação, você sentirá menos necessidade de controlar e o seu foco ficará mais claro.

No entanto, se você não sabe exatamente como se faz isso, aqui está uma dica. Quando falamos em definir de forma clara quais os valores mais importantes, basicamente estamos nos perguntando o que é realmente importante que aconteça em nossa casa, todos os dias. Esses valores podem ser o respeito na forma como nos tratamos uns aos outros, pode também manifestar-se no senso de humor, na aceitação e até no carinho com que nos tratamos.

Agora que você já sabe o que se pretende com essa questão, escreva quais são os valores importantes para a sua família.

c) Crie oportunidades

Deixe o seu filho decidir (pode ler lá atrás sobre a importância de negociar). Tenho a certeza de que em determinados momentos você ficará surpreso(a)!

As frases certas:

— Mãe/pai, posso comer o arroz-doce?

— Claro que pode! Assim que você terminar o jantar, que vou servir daqui a 20 minutos, pode comer o seu arroz-doce. Que guloso!

— Venha ver de qual foto você gosta mais.

— Eu? Mas não tenho que dizer; é você que tem que escolher a sua foto, a que mais deseje, mesmo que eu goste de outra totalmente diferente.

— Faça da sua maneira, aqui é você que decide!

Os pais nunca erram e raramente têm dúvidas, era a minha máxima. Eu era a verdadeira control freak, sem dó nem piedade. Estava sempre criticando as crianças. Dizem que as crianças têm o não na ponta da língua, mas aqui era eu.

Foi um processo que demorou mais tempo do que pensava, porque não me dava conta disso – era automático.

O que me ajudou, realmente? Passei a jogar comigo mesma o jogo do "Nem sim nem não", mas só para o não. Foi uma loucura muito boa e eu ria sozinha por dentro. É preciso uma boa dose de insanidade para se fazer este desafio, porque passamos a olhar muito para nós e a ver que há tanto a melhorar! Mas é bom, assim mesmo! Agora, como se não bastasse eu ser uma control freak em recuperação, me pego corrigindo as minhas amigas e dizendo-lhes que têm que falar não menos vezes e criar oportunidades para o sim!

Vanessa, mãe da C., de 2 anos, e do T., de 11 anos.

4. Pode deixar que a mãe/o pai faz

Cá entre nós, que ninguém nos ouça, você é capaz de ser uma pessoa um pouco permissiva com os seus filhos. Afinal de contas, pensará, provavelmente, que não há mal nenhum que comam uma ou até quatro bolachas antes do jantar. Eles ficam felizes, você também, e somos todos felizes. Você sabe que mimo a mais não estraga – o que estraga é a falta de limites e de rotinas. E é aí que está a parte que você pode melhorar – na sua consistência e assertividade, enquanto mãe/pai.

Sei que você não quer que lhes falte nada, e a maior parte das coisas não lhe custa absolutamente nada... Porém, no médio e no longo prazos, você notará que os seus filhos poderão tornar-se, pouco a pouco, aqueles meninos muito exigentes (na linguagem popular diz-se "está estragadinho"), com pouca tolerância à frustração (traduzindo para a linguagem comum: mimado e egoísta) e com a ideia de que podem tudo... Não é nada disso que você deseja, não é? Então continue a ler, por favor!

Como melhorar?
As rotinas são fundamentais para que uma criança cresça com segurança emocional. São as rotinas que tornam os dias previsíveis, e isso lhes dá alguma sensação de controle.

Mais à frente neste livro, em particular na semana 3, você saberá como se usam algumas técnicas muito úteis para lidar com os comportamentos mais desafiadores (ver a técnica do espelho), mas, neste momento, sente-se e escreva como são os seus dias, as suas rotinas e o que você gostaria de fazer. E se você fizesse uma *bucket list* para a sua família? Uma *bucket list* da família é uma lista de coisas que você deseja fazer, e também ensinar, com os seus filhos e em família. Isso dará uma direção à sua vida, maior significado aos seus dias, e é algo muito inspirador. Se você gosta da ideia, não espere muito tempo. Faça acontecer!

Por onde começar?
a) Sente-se e escreva o seu roteiro
Um roteiro serve para ser seguido. Não invente, concentre-se no que você decidiu. Isso é consistência e ajuda a lembrar o que é importante para você. Nesse roteiro, escreva o que é importante passar aos seus filhos, o que quer

ensinar a eles e o que deseja que eles sejam. Então, quando isso está muito claro na sua cabeça, é fantástico o que acontece: tudo se torna mais simples porque você sabe exatamente qual é a sua orientação.

b) Equilibre gentileza e firmeza

É difícil, eu sei. Por vezes, a frase é até fofinha, mas o nosso tom e a nossa cara estragam tudo. Como você conseguirá fazer isso mais vezes com maior taxa de sucesso? Bem, se você tiver escrito o tal roteiro, tudo se torna mais fácil, porque saberá explicar aos seus filhos por que razão não está de acordo em lhes dar uma bolacha antes do jantar ou por que motivo vão para a cama às 9 da noite. Ou por que é tão importante saudar as pessoas que encontramos.

Bônus: repare que disse explicar e não convencer. Convencer é repetir os argumentos, explicar de diferentes formas a mesma coisa, várias vezes. A sua firmeza também está na forma como você explica, na forma como pede *feedback* e, uma vez compreendida a mensagem (não quer dizer que a criança esteja de acordo com você), em fazerem o que você disse, sem ter necessidade de fazer cara de má.

"Gostaria muito que você cumprimentasse os tios e os primos quando chegarmos à casa dos avós e não apenas porque é uma questão de educação, como dizem. É importante para mim, porque fico sempre com receio de que a família ache que não dou educação a vocês, e não quero isso. Se puderem me ajudar com isso, ficarei muito feliz!"

c) Consequências

Mais à frente você poderá ler, com mais detalhes, como se aplicam as consequências; por enquanto, fique sabendo que nem tudo precisa ter consequências. Por exemplo, o fato de você não dar uma bolacha aos seus filhos e eles chorarem não tem consequências. Você terá que lidar com a sua frustração, e a forma como se autogerencia emocionalmente será determinante para eles começarem, devagar, a lidar com a sua própria frustração. Lembre-se também de esconder (ou deixar de ter) as bolachas, se elas são a fonte de aborrecimentos. E o mesmo vale para *tablets*, por exemplo.

As frases certas:

— Eu sei, meu amor, que você queria muito comer uma bolacha! Aliás, se fosse possível, comeria o pacote todo, aposto! Pois é, mas entre o lanche e o jantar não comemos nada, que é para termos apetite para depois. E sabe o que pode ajudar a passar o tempo até a hora de jantar? Montar um quebra-cabeças e, a seguir, organizarmos as meias para as arrumarmos.

— Você está mesmo zangado porque a mãe/o pai não lhe deixa usar o *tablet*! Vejo que está porque há pouco você bateu a porta com força. Mas não é porque está fazendo cara feia ou porque bateu as portas que eu vou mudar de ideia.

Uma das coisas que mais me deixam tensa é quando o meu filho chora ou choraminga. Quando estamos à mesa e ele não quer comer a sopa, digo-lhe "Vamos, Gustavo, coma a sopa que eu sei que você come sozinho na escola", mas ele não o faz. Ou quando me pede um tablete de chocolate ou um pedaço de pão com manteiga antes do almoço. Admito que fazia de tudo para ele esquecer aquilo, procurava convencê-lo, mas ele conseguia vencer-me pelo cansaço... outras vezes, ficava logo tão incomodada com a choramingação que dava logo. Não lidava bem com o fato de lhe causar alguma frustração, porque me sentia culpada, e tinha dias em que não suportava ouvi-lo choramingar – era incômodo e eu ficava muito irritada. Com o desafio percebi que a minha irritação não tinha a ver diretamente com ele, mas sim com a minha incapacidade de lidar com essas situações. Basicamente, saí do papel de vítima. Admito que treinei algumas vezes as frases em voz alta e imaginei-me muitas vezes nas situações que me causam mais tensão e respondendo da forma mais adequada. Usei as frases que fui conhecendo e lembro-me desta, que teve um impacto no meu filho mais velho de forma irreversível. Eu ficava muito chateada quando ele atirava a roupa no chão, quando ia vestir o pijama à noite. Um dia, depois de ter pensado na frase, fui até ele e disse: "Miguel, eu sinto que é mesmo uma enorme falta de respeito para comigo quando você deixa a roupa no chão. Gostaria que você fosse mais cuidadoso e a deixasse em cima da cama ou a arrumasse no armário".
A partir desse momento percebi que é importante falar a minha verdade, descrever como me sentia e também dizer-lhe como gostaria que ele fizesse – afinal, ninguém nasce sabendo. Quando escolhi fazê-lo sem berrar e sem ressentimentos, orientando, percebi que esse era o caminho.
Ele ficou olhando para mim e disse "OK, mãe".

Mara Aleixo, 43 anos, mãe do Miguel, de 9 anos,
e do Gustavo, de 3 anos.

Volto a lembrar que esse diagnóstico não lhe define, apenas mostra que tipo de comportamentos você tem normalmente. Por isso, e durante as próximas quatro semanas, desafio você a trazer para o seu dia a dia as sugestões que deixo aqui. Não lhe farão mal, e, na verdade, você pode ter muito a ganhar com elas.

A propósito, deixo outra sugestão pra você: pegue na segunda gaveta em que teve mais pontos e dê uma olhada no que diz lá – é que ela também fala de você. Menos, mas fala.

1.3 Autossabotagem

Existem vários motivos pelos quais não conseguimos deixar de gritar com os nossos filhos. Alguns já vimos nas páginas anteriores, mas existem outros que podemos acrescentar e que fazem com que o tipo de resposta que damos às situações não seja o mais adequado.

Nas sessões de *coaching* e aconselhamento existe uma questão que coloco com frequência para os pais com quem trabalho:

"O que impede você de reagir da forma que deseja?"

O que pretendo descobrir em particular com essa questão é como você faz para sabotar a si próprio(a).

As quatro respostas mais frequentes são:

- Medo de reforçar o comportamento inadequado da criança.
- Receio de ser julgado(a) pelos outros [como muito agressivo(a) ou permissivo(a)].
- Ter outras preocupações ou distrações na cabeça.
- Falta de descanso.

Qual é a sua resposta? Alguma dessas ou outra? Vale a pena pensar nisso.

Correndo o risco das generalizações, a verdade é que todos nós imaginamos que somos pais pacientes que escutam os filhos e que nunca farão nada para magoá-los ou fragilizá-los.

Depois, na prática, a realidade não é bem assim. Tentamos, mas a verdade é que volta e meia saem muitos berros seguidos, brigas infinitas, e, no final,

TOMAR CONSCIÊNCIA DOS COMPORTAMENTOS

não é nada disso que queremos. Muitas vezes, aquilo que mais procuramos é sobreviver ao final do dia: dar banhos, fazer jantares e colocá-los na cama.

Uma mãe ou um pai cansados, frustrados e que deixam de ter vida para tratar dos filhos não conseguem ter a energia necessária para desvalorizar o que é desvalorizável, para brincar mais e com mais vontade, para serem firmes em vez de repreender, castigar ou bater. Por isso mesmo, a mãe precisa de tempo para ela. E o pai também.

Encontre uma atividade e uma pessoa amiga. Faça essa atividade e passe tempo com essa pessoa, que tem que ser boa pessoa. Aproveite os momentos em que está sem o seu filho, sem um pingo de culpa. Se o filho estiver bem e com alguém que saiba cuidar dele, por que você continua a achar que deve se sentir culpado(a)?

Sabe, se sentir culpa por mais do que um minuto, essa culpa não lhe ajuda em nada, apenas cria remorso e afunda você.

A culpa nos mostra que um determinado comportamento ou pensamento não são os melhores. E, se não são, você pode mudar isso. Pode experimentar pensar de outra forma ou fazer diferente. Que tal aprendermos a sentir gratidão?

O caderno da gratidão

Dizem que "a culpa morreu solteira" e que não é de ninguém. A única coisa que a culpa tem de bom é alertar-nos de que estamos prestes a fazer algo (ou até já fizemos) que não está alinhado com os nossos princípios e valores.

Não estamos nada habituados a dar graças. Na verdade, a ideia de sermos ou estarmos gratos é um tanto quanto americana, mas, porque é uma excelente ideia, vou lhe explicar melhor em que consiste.

Dar graças, estar agradecido ou feliz por algo tem uma série de vantagens, e gostaria muito que você aceitasse essa proposta e levasse essa noção de gratidão para sua casa.

Por quê?

— Porque você vai se lembrar mais vezes do motivo pelo qual realmente entrou neste desafio *Berre baixo!*: que é melhorar a sua relação parental com os seus filhos.

— Porque você vai perceber que durante o dia terá muitos motivos para se sentir grato(a), só tem que sintonizar-se com a sua vida e sair do piloto automático.

— Porque, quando você convidar os seus filhos a aderirem ao caderno da gratidão, mesmo que ainda não saibam escrever (escreva você, eles escrevem os números da data, por exemplo), passarão a dar valor a outras coisas que não apenas o imediato e o material. Por exemplo, a possibilidade de cantarem parabéns para o pai, que está fora, via Skype; ou sentirem-se felizes por terem ajudado você a colocar a louça na máquina; ou de terem ficado felizes por terem ido apanhar folhas secas no parque com os avós, na volta da escola.

— Dizem também que quem dá graças regularmente tem mais saúde, é mais otimista e mais empático – esta característica é fundamental para nos adaptarmos às situações. Dizem, e bem, que o importante é saber viver, e sabe viver melhor aquele que se adapta.

Como você vai fazer isso?

— Você definirá três dias por semana (apenas três!) em que vai escrever os motivos por que está grato(a).

— Você escreverá sempre cinco motivos. Por que cinco e não três ou nove? Porque, por costume, é simples encontrar três motivos, mas os dois que vêm a seguir podem ser, em alguns dias, menos fáceis. Então teremos de mudar a perspectiva em relação a alguma vivência que tivemos ou criar uma situação pela qual nos sentimos gratos.

E as vivências negativas, não entram? Sim, há situações negativas pelas quais podemos estar gratos, claro que sim! Situações que nos ensinaram ou que mudaram a nossa perspectiva, para melhor, por exemplo.

Você vai escrever onde?

Vai pegar um caderno que tenha em casa, vai colar fotos bonitas suas ou frases que lhe inspirem e, três vezes por semana, vai escrever os motivos pelos quais está grata. Ao iniciar o desafio *Berre baixo!*, aposto que terá muitos!

1.4 O que você já pode fazer para deixar mesmo de gritar?

No início deste livro você encontra um documento que se chama "Compromisso". É algo muito simples onde você escreveu a data em que aderiu a este desafio, em que confirma que leu o manifesto e as regras pelas quais toma

TOMAR CONSCIÊNCIA DOS COMPORTAMENTOS

conhecimento de que durante as semanas você investirá em si mesmo, nos seus filhos, na sua relação e na sua melhoria contínua. É um documento assinado por você.

A grande mudança que começará já a fazer é pensar. Melhor do que ninguém, você conhece os motivos e as situações que o fazem gritar com o seu filho. Já fez o diagnóstico e já tem uma série de estratégias com você. Comece, então, por pensar como deseja atuar da próxima vez que algo lhe tirar do sério.

Agora que você refletiu sobre isso, escreva pequenas notas e frases nas linhas a seguir. Ou, se preferir, em um caderno que você tenha só para essa finalidade. Há uma enorme diferença entre o pensar e o pensar e escrever. Por isso, escreva e registre. Garanto-lhe que na hora H você perceberá a diferença.

A autora do livro *Projeto Felicidade*, Gretchen Rubin, convida-nos a agir da forma como desejamos nos sentir. Como? Dizem que o "hábito faz o monge", não é? Então, quando sair para ter aquilo a que chamamos "tempo meu" (os ingleses usam a expressão *"me time"*), pense como você gostaria de se sentir. Quer sentir-se bem, leve e aproveitar o momento? Então faça isso! Concentre--se no que está fazendo, respire fundo e endireite-se. Tem apenas uma hora ou duas? Por favor, aproveite. Se usar essas duas horas para se sentir culpada e miserável, será apenas uma enorme perda de tempo.

Depois, tome nota dessas pequenas coisas no seu caderno da gratidão, sobre o qual lhe falei antes.

Não é possível praticarmos autorregulação, sermos pais mais serenos e inspiradores se não tomarmos conta de nós. Como podemos mostrar aos nossos filhos que somos importantes? Tire da cabeça que está sendo egoísta e pensando só em si. Na verdade, você deve esse compromisso de honra consigo próprio ao seu filho, porque só você é responsável pela forma como vive a sua vida. E, quanto mais desafiantes forem o seu filho, os seus dias ou a sua realidade, mais obrigação você tem de buscar arejar. Não é possível gerenciar tudo como deve ser se você não respeitar as suas necessidades, e isso está apenas nas suas mãos. Permita-se.

Depois, sim, você volta para casa com vontade de apertar os seus filhos e de enchê-los de beijinhos.

Apenas quando nos centramos e nos equilibramos emocionalmente é que nos tornamos capazes de estar 100% presentes. É por isso que nesses momentos nos sentimos capazes de dar o que temos de melhor. Acredito que a nossa grande missão parental é, de fato, estarmos por inteiro. O resto acontece.

Lembre-se sempre de que a primeira regra da Parentalidade Positiva é: pais felizes = filhos felizes.

Gostaria que você contasse sobre a sua participação neste desafio a amigos a quem possa enviar mensagem, *e-mails* ou a quem possa ligar para falar como está sendo o seu dia. Eles não têm que participar, mas, se o fizerem, tanto melhor. O objetivo é que você possa partilhar as grandes conquistas, assim como os momentos mais difíceis. Todos, mas todos, precisamos de amigos. São os verdadeiros amigos que nos dão a mão e nos levam mais longe. São os verdadeiros amigos que nos elevam, que nos fazem querer ser melhor e que nos fazem acreditar que, com o que temos dentro de nós, conseguimos atingir aquilo a que nos propomos. Não têm que dizer absolutamente nada, apenas estar lá, atentos. Que saibam nos escutar, porque nem sempre precisamos de conselhos, apenas de um bom ouvinte.

Desejo que você possa encontrar essa pessoa. Educar não é fácil, e há realidades, crianças e educadores que têm mais desafios pela frente do que outros. Por isso, ter uma rede de suporte é mesmo determinante para que a vida seja mais fácil. Não há problema, nem vergonha, nem você se torna mais fraco(a) quando pede ajuda. Pelo contrário! Se tiver essa rede quando precisa, todos saem ganhando e mais fortes: você, os seus filhos e até quem lhe ajuda, porque é bom ajudar.

Para além de arranjar alguém que lhe ajude, este desafio é para ser compartilhado também com os seus filhos.

É bem provável que você tenha aderido ao *Berre baixo!* por um dos três motivos a seguir, ou por todos.

1. Não se vê nesse papel da mãe/do pai ou da mulher/do marido que está sempre gritando e deseja ser melhor.
2. Os seus filhos não merecem que você berre com eles.
3. Você quer se concentrar na relação parental e criar maior harmonia familiar.

Seja por um, por dois ou pelos três motivos (ou outro, ainda), a verdade é que, ao aderir, todos vão ganhar. E, para que o sucesso seja mais certo, compartilhe também a sua decisão com os seus filhos. Por quê? Porque você mostrará que quer ser um pai ou mãe melhor. Mostrará que a perfeição não existe – na verdade, nenhum filho deseja pais perfeitos, mas sim pais autênticos e verdadeiros. Dependendo da idade, você pode pedir que lhe ajudem. Como? Dizendo:

> *Mãe/pai, olhe o desafio!*
> *Mãe/pai, olhe para mim e lembre-se do que combinamos.*
> *Reset, mãe/pai. Vamos começar de novo.*

Esses pequenos códigos verbais e outros que envolvam linguagem não verbal podem ser fundamentais para um maior sucesso. Vamos lá!

1.5 O "comando da voz calma"

Sempre quis que os meus filhos fossem crianças autônomas, organizadas e arrumadas. Mas sempre achei que isso tinha que estar na sua forma de ser – afinal, nós (minha mulher e eu) somos assim, por isso teria que vir deles. E porque isso nunca acontecia, tínhamos tendência a repreender, gritar muito e nos zangar. Algumas vezes nos excedemos. Em uma sessão de coaching que fiz, percebi que deveria ajudá-los e acompanhá-los, porque ninguém nasce sabendo. Demorou algum tempo, tive que gerenciar a minha frustração muitas vezes, mas, ao fim de alguns meses, é gratificante vê-los independentes e tratando das suas coisas. É mesmo muito bonito. E foi muito simples. Basta mudar o foco.

João, pai do João, de 9 anos, do Dinis, de 4,
e da bebê Leonor, de 4 meses.

Não vou lhe ensinar telepatia, nem hipnose, nem a fazer levitação. Quero que você saiba que o cérebro é um músculo e que, como qualquer outro, precisa de treino. Não vou sugerir que você faça Sudoku nem que aprenda uma nova língua para exercitá-lo. Vou pedir apenas que você comece a deixar de gritar. Sim, precisa mesmo fazer isso já. Pode custar um pouco, mas faz parte do processo. É que, ao conseguir fazê-lo, dará ao seu cérebro o poder do controle, e essa experiência criará uma espécie de impressão digital. Então, o que acontece? Quanto mais impressões digitais ficarem gravadas, mais depressa o seu cérebro reconhecerá essa experiência e a reproduzirá com menos esforço da sua parte.

Como você vai gravá-las?

Usando o seu autocontrole.

Como?

Da próxima vez que sentir que vai dar dois berros, respire fundo e acione o "comando da voz calma". É bem mais fácil do que pensa, porque você vai se apercebendo, uma vez que passará a estar mais atento(a), de quais são esses momentos. Como você bem sabe, as crianças respondem muito melhor a vozes mais baixas, serenas e firmes do que aos berros.

"Existe um espaço entre o estímulo e a resposta. Nesse espaço reside a oportunidade de escolhermos a nossa resposta. E nessa resposta estão o nosso nascimento e a nossa liberdade."

Victor Frankl

Quando usar?

Sempre! Em vez de usar frases como "Quer ver que vou ter que me chatear com você", respire fundo e lembre-se das frases que lhe sugeri no diagnóstico ou mesmo do silêncio. Você ficará impressionado(a) com os conflitos que conseguirá evitar.

Quando você escolhe não se exaltar, perceberá que encontra alguma paz e calma interior.

Há momentos em que tudo parece tornar-se mais fácil quando gritamos. Parece. A única coisa que acontece é que parte da sua fúria sai, mas há muitas outras coisas que nascem. É melhor para você, e para todos, aprender a gerenciar essas emoções.

Gritar e não querer que as crianças gritem? Não faz muito sentido, não é? Lembre-se de que os pais e os educadores são os que mais influenciam as crianças, modelando os seus comportamentos. É que eles olham para o que fazemos e ligam pouco para o que dizemos.

Por que funciona?

Quando você aciona o "comando da voz calma", ajuda as crianças a acalmarem-se (é o conhecido "ciclo vicioso"). Sentem que têm um adulto sereno e consciente junto delas. E que não faz birras. Os pais e os educadores são os modelos mais importantes que as crianças podem ter, pelo que a voz calma lhes dará esse ponto de partida.

Você não entrará em um jogo de poder nem piorará a situação, mas sim ganhará a cooperação da criança. Quando isso acontecer, a criança estará mais disponível para lhe escutar e ser orientada por você.

Finalmente, ao usar essa estratégia, você modelará esse comportamento na criança e ela aprenderá, a seu tempo, a responder de forma igual.

Como você vê, o seu cérebro ficará do seu lado! Só precisa lhe mostrar como – vá, dê-lhe um empurrãozinho e, quando vir que vai berrar..., use a voz calma –, é assim que se gravam impressões digitais no cérebro, até que se torne um hábito. Afinal de contas, o que você ganha mesmo quando grita? Quase nada, ou, na verdade, ainda perde mais. Quanto mais usar esse comando, mais esse comportamento se tornará automático. Vá por mim, confie!

Semana 1: a tomada de consciência

Tome nota:

- É fácil errar o alvo e discutir com o elo mais fraco.
- Pergunte-se, com frequência: são as crianças que se portam mal ou sou eu que estou irritado(a)?
- Tenho tratado de mim e tenho tido tempo para as minhas coisas?
- Quanto mais grito, mais crio tensão à minha volta e em mim, e, com frequência, sou eu que depois tenho que acalmar as situações. Será que vale a pena tanta energia mal gasta?

Lembre-se do seguinte:

- Se comprou este livro, é bem possível que tenha uma série de situações registradas na sua cabeça em que você perdeu, justamente, a cabeça. Considere um ou dois desses cenários e imagine o comportamento que gostaria de ter. Escreva-os.
- Treine, nem que seja em pensamentos, o que gostaria de dizer e como gostaria de fazê-lo da próxima vez. Verá que é uma ajuda gigantesca!
- Quanto mais você treinar, mais o seu cérebro se habituará a reconhecer o comportamento que deseja ter na próxima vez, e mais próximo(a) estará do que realmente pretende: um lar sem gritos nem berros!

SESSÃO DE COACHING

SEMANA 1

No início ou no final de cada semana é importante que você pare e dedique algum tempo a este compromisso. Imagine que marcou uma sessão de *coaching* e aconselhamento parental comigo. Imagine que apresento as questões abaixo. O que você responderia? Mais uma vez, sugiro que escreva as suas respostas. É uma diferença substancial escrever, é como se você estivesse honrando o momento, o compromisso que assumiu consigo e com a sua família, e isso não tem preço.

Todas as partes deste livro terão questões semelhantes a estas, com o objetivo de tirar você da sua zona de conforto e fazê-lo ir mais além.

Pare agora aqui comigo e me diga:

Se o seu filho descrevesse você em três palavras, quais seriam?

_____

_____

_____

_____

_____

_____

_____

_____

_____

E você, como se descreveria em três palavras?

O que você mais procura na sua relação com o seu filho?

O que precisa melhorar em você? Paciência? Organização? Tempo para você? Explique-me por que isso é importante.

Que momento do dia lhe causa mais estresse? O que você pode fazer para alterar isso?

TOMAR CONSCIÊNCIA DOS COMPORTAMENTOS

As expectativas em relação ao seu filho são muito altas? Baixas? Adequadas?

E as expectativas em relação a você?

Se você pudesse recomeçar, o que faria de forma diferente?

Imagine que o seu filho tem 23 anos, que hoje é domingo e ele vem almoçar na sua casa. Quem é esse jovem a quem você abre a porta?

Qual e como foi a sua contribuição? O que você faz, todos os dias, para que ele adquira os valores que são, para você e para a sua família, importantes?

Quais são, para você, os maiores obstáculos que poderão retirar o seu foco do desafio *Berre baixo!*?

TOMAR CONSCIÊNCIA DOS COMPORTAMENTOS

Para cada um dos obstáculos que você escreveu nas páginas anteriores, escreva uma forma de lidar com eles ou até de eliminá-los.

_____
_____
_____
_____
_____
_____
_____
_____
_____

Lembre-se de um dos últimos momentos de conflito com o seu filho. Os erros, as bobagens, as discussões, as guerras – tudo isso são ótimas oportunidades para aprendermos mais. Em uma situação idêntica a essa, como gostaria de ter reagido? Quais aprendizagens você considera importante levar em conta? Quais valores você gostaria de passar?

_____
_____
_____
_____
_____
_____
_____
_____

Finalmente, no seu dia a dia, como você faz para viver de acordo com esses valores?

_____
_____
_____
_____
_____
_____
_____
_____
_____

Para quem tem mais de um filho:
Quando os seus filhos brigam, o que você faz? Você os separa? Dá algo em troca para que eles parem? Ameaça? Que outras técnicas você usa?

Agora concentre-se nos seus objetivos de longo prazo. O que você deseja para os seus filhos agora e para quando forem adolescentes? (Se já forem adolescentes, pense em quando forem adultos).

(2ª SEMANA)

A RELAÇÃO QUE CRIAMOS COM OS NOSSOS FILHOS

Afinal, existe uma varinha de condão para a educação! A varinha de condão da educação é a qualidade da sua relação com o seu filho.

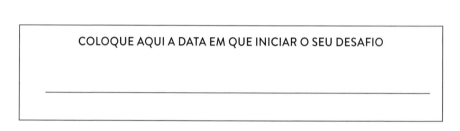

2.

Nesta segunda semana, trabalharemos a questão do vínculo, ou seja, trabalharemos a relação que temos com os nossos filhos. Por isso, preciso que esta mensagem fique clara:

Nenhuma relação está isenta de conflitos. Nenhuma. Muito menos a sua com os seus filhos.

2.1 Conecte-se

Tal como lhe disse no primeiro capítulo, você grita porque decide fazer isso. Sei que é difícil ler isso, mas é a mais pura verdade. Você se sente nervoso(a) e com aquele pequenino agitado, mas só grita porque permite que isso aconteça.

É uma decisão sua.

Aprender a fazer a gestão emocional não é apenas algo que os outros devem fazer; deveria ser matéria obrigatória nos currículos das escolas e nas nossas vidas, mas, como não é, sugiro que aprenda um pouco mais sobre esse assunto ou que possa, inclusivamente, trabalhar com alguém que entenda disso. O que você ganhará é extraordinário.

Chama-se "autorregulação". Quando nos autorregulamos, gerenciamos as nossas emoções (não as escolhemos, mas podemos gerenciá-las) e, portanto, gerenciamos os nossos comportamentos; logo, os nossos berros!

O que ganhamos? Ganhamos a possibilidade de ensinar aos nossos filhos que podemos estar chateados, zangados, mas não temos que gritar, magoar nem agredir (nem que seja apenas verbalmente) o outro. Bem-vindo ao maravilhoso mundo novo da assertividade, que, você descobrirá, é um caminho muito interessante de percorrer.

Já que estamos falando sobre verdades, aqui vai mais uma. Como você já deve ter reparado, não sou adepta de crianças obedientes. E sei que não estou sozinha: sei que a maior parte de nós não quer, na verdade, filhos obedientes.

O que queremos são filhos que cooperem conosco. Filhos que, mesmo discordando de nós, sabem que somos pais justos, nem sempre perfeitos, mas que sabemos o que estamos fazendo. E que, nas situações em que discordam de nós, aceitem, assim mesmo, as nossas orientações e os nossos pedidos. Pais cujos filhos são cooperativos são pais presentes, que escutam os filhos e que desejam saber as suas opiniões. São pais que valorizam os seus filhos e os tratam com profundo respeito e dignidade. O mais importante para esses pais é criarem uma relação cheia de significado e valor.

É bonito de ler e de imaginar?

Ninguém coopera com ninguém se não se sentir ligado a essa pessoa. Esse é o grande segredo. Nenhuma criança (e nenhum adulto) cooperará com os pais se não sentir que existe uma relação que tem um significado importante e profundo. Esse é o segredo e talvez a maior das verdades na relação parental. Por isso, não espere milagres... mas continue a ler, que logo irá perceber que há coisas melhores à sua espera.

O vínculo é a qualidade da relação que temos com os nossos filhos e eles conosco, e funciona como uma espécie de varinha de condão da Educação e da Parentalidade Positiva. Essa ligação – e, naturalmente, a qualidade desta – dependerá, e muito, de nós, pais. Como assim? Vou lhe explicar.

É verdade que as crianças nascem com uma espécie de *chip* para amarem os seus pais de forma incondicional. Já o contrário, tenho dúvidas de que sempre aconteça.

Tal como expliquei antes, quando somos capazes de nos regularmos, somos capazes de escolher os nossos comportamentos e, portanto, damos o ponto de partida às crianças para fazerem igual.

Assim, quando nos aborrecemos com eles, devemos regular-nos (isto é, devemos lembrar-nos de quem é o adulto e nos acalmar), ajudar o nosso filho a acalmar-se também e a passar para a etapa seguinte. As crianças são boas para esquecerem das brigas e ficarem logo bem. O mesmo já não se pode dizer de nós, que facilmente nos ofendemos e nos isolamos. "Ainda estou muito chateado com você; agora vá para o seu quarto e só saia de lá quando eu mandar." Você já esteve em uma situação semelhante? Então vou lhe dizer o que supostamente você acha que acontece e o que realmente acontece.

Em vez de aproveitarmos essas oportunidades para corrigir, ensinar e reparar a situação, prevenindo futuros incidentes, preferimos afastar a criança, isolá-la e não lhe dar uma oportunidade para aprender, de fato, com os erros. É comum preferirmos humilhar os nossos filhos, gritar com eles, mostrar – bem alto – que aquilo não se faz e mandá-los para o quarto. Depois esperamos que, por obra e graça... descubram como evitar aquelas situações.

Na verdade, o castigo atuará como uma excelente forma de desresponsabilizar a criança. Como assim?

O castigo serve para fazer a criança sofrer com o que fez. Só que não ensina nada de concreto. E dá mais trabalho ao adulto, em médio prazo. Por quê? Porque o adulto terá que ficar supervisionando a criança e zelando para que aquela situação não volte a acontecer. Se é certo que orientar e ensinar pode dar um pouco mais de trabalho no início, a verdade é uma só: os resultados são do interesse de todos. Sim, é necessário acompanhar, treinar e lembrar, mas esse deveria ser o objetivo principal. Ou você quer andar sempre colado(a) aos seus filhos observando se fazem as coisas como deve ser e, caso não o façam, aplicar novos castigos?

Posto isso, o castigo também desresponsabiliza os pais, porque deixamos de antecipar as situações, deixamos de acompanhar as crianças e de apostar nelas. Venha o castigo que as coisas entram nos eixos, acreditamos. No entanto, a verdade é que nem sempre é assim, e o castigo não nos assegura que no minuto seguinte não "se repetirá a mesma coisa".

Finalmente, o castigo é uma excelente forma de quebrar o vínculo com as crianças e essa relação de cumplicidade que temos com elas. O castigo é injusto porque não está diretamente relacionado com a situação. "Você anda mal-educado, vou tirar todos os seus brinquedos durante uma semana." "Bateu no seu irmão? Não vai à festa de aniversário do Antonio." "Ficará uma semana sem ter mesada porque mentiu pra mim."

Então, sem castigo, como é que a criança aprende? Como é que fica sabendo que aqueles comportamentos são errados e que não deve voltar a repeti-los?

39

2.2 Diferença entre castigo e consequência

Não existem *quick fixes* ou frases mágicas que previnam tudo e que nos permitam antecipar tudo. Sei que a maior parte de nós tem um grande receio de que as crianças não "deem certo", e os métodos antigos como o castigo e a palmada parecem funcionar de imediato, garantindo-nos que não deixamos passar em branco uma situação inadequada e que não nos tornamos pais permissivos. Mas também sei que para muitos de nós essa não é uma situação que desejamos e que nos sentimos culpados depois de colocá-la em prática.

Mostrar às crianças que na vida há coisas que têm consequências é uma estratégia mais séria, que envolve e responsabiliza a criança.

A diferença entre castigo e consequência é que o primeiro tem por objetivo fazer com que a criança sofra e perceba que, sempre que se portar mal, irá encontrar dor. O castigo não tem necessariamente a ver com a situação em si.

A consequência tem como objetivo levar a criança a perceber o impacto da sua decisão, responsabilizando-a, como já referi, e também a reparar a situação. E não, a criança nem sempre tem que sofrer para compreender qual é o comportamento adequado e querer repará-lo a seguir. Jane Nelsen pergunta, e bem, onde fomos buscar a ideia louca de que, para se portar bem, uma criança tem que se sentir mal.

É verdade que a consequência pode parecer um maravilhoso mundo novo, mas alguns pais não a usam porque têm medo de falhar na educação dos filhos, ficando com a impressão de que o castigo é que vai assegurar que a criança se comporte como deve ser.

O castigo funciona, inicialmente, é verdade, mas não previne nem ensina o que é o comportamento adequado.

A consequência está relacionada com a situação, é revelada com antecedência e é repetida pela criança. Por outro lado, é justa, ou seja, não humilha nem faz com que a criança se sinta sem hipótese de melhorar.

Ocasionalmente, o castigo e a consequência são muito próximos – a grande diferença, por vezes, parece estar no tom com que se diz as coisas.

Imagine que o seu filho tirou uma nota vermelha em Inglês. Este fim de semana tem duas festas de aniversário e então você diz: "Tenho muita pena, mas a vida é assim mesmo, você fica de castigo e estuda. Se não melhorar as notas daqui para a frente, não haverá mais festas de aniversário.".

Acha mesmo que o seu filho ficará estudando de boa vontade e feliz porque a mãe/o pai zela pela sua vida acadêmica? Claro que não.

"Vi que você tirou nota vermelha. Este fim de semana você tem duas festas de aniversário. Sugiro que estude no sábado de manhã essa parte da matéria – e posso lhe ajudar – e, quando a souber, poderei levar você à festa de aniversário de sábado. O que você acha?"

Essa é uma ótima opção quando combinada a dois.

Caso o seu filho decida ficar a manhã toda vendo desenhos animados ou brincando com os amigos no jardim do prédio, e você até o tenha lembrado duas vezes do combinado, a decisão é dele.

Você só tem que seguir, como lhe disse, o roteiro. Não tem que dizer "eu avisei", "é sempre a mesma coisa", "não podemos confiar em você" ou outras coisas do gênero. Ele ficará zangado com ele próprio e até com você? É bem possível. Mas você não tem mais nada a ver com o assunto. É um processo dele. No fim, você poderá lembrá-lo de que no dia seguinte haverá outra festa de aniversário e que vocês dois podem sentar-se para estudar um pouco a fim de recuperar o tempo perdido. Sem repreensões. Lembre-se de que você está orientando-o e mostrando que a vida é assim mesmo. É possível que da próxima vez ele saiba tomar decisões melhores.

As consequências são:

— Relacionadas com a situação: "Você vai estudar de manhã e quando souber a matéria eu levo você à festa de aniversário do João.".

— Reveladas com antecedência: "Amanhã de manhã...".

— Repetidas pela criança: dizendo o que entende e o que acontecerá.

— Justas: é uma consequência razoável, mas não seria no caso de ser o aniversário do melhor amigo, por exemplo. No caso de o João não ter conseguido estudar tudo ou gerenciado o estudo, seria possivelmente muito injusto proibi-lo de ir a essa festa em particular. Você tem vontade de cooperar e de ser melhor quando gritam com você, ameaçam, humilham? Então... eu também não.

2.3 O que é e como fazer autorregulação?

A autorregulação é a capacidade que temos de regular os nossos impulsos e de canalizar a nossa energia para o que é realmente importante. Isso é determinante na relação parental, porque é comum falharmos na gestão do impulso e também no que é importante.

Tendo isso em mente, deixo aqui pra você os quatro pontos fundamentais para chegar lá.

1. Centre-se

Quando você se dá conta, já gritou, já ameaçou e já colocou aquela cara de poucos amigos. No entanto, e porque sei que preencheu os questionários da primeira semana, é provável que já comece a ter algum distanciamento e que perceba que há aí um momento em que você pode fazer uma pausa (se não olhou para esse questionário, escute o meu conselho e vá olhar rápido!) e procurar o seu centro. Como se faz isso? Dizendo para si mesmo "É aqui e agora que estou", respirando fundo e procurando o olhar dos seus filhos e algum entendimento da situação. Fique.

Quando você se centra, deixa de estar em "modo de reação", o que, normalmente, provoca estragos, e passa a estar em "modo testemunha", ou seja, passa a observar. Assim, não ceda ao impulso nem canalize a sua energia para o lado errado. Aliás, não gaste energia de forma desnecessária. Dessa maneira, o que você ganha? Ora, aí está: a capacidade de procurar e focar no que é essencial.

2. Olhe

Olhe e, em vez de repreender, ou ameaçar, ou gritar, pergunte: "O que se passa?". A diferença entre esse "O que se passa?" mais sereno e o outro que é dito com jeito de ameaça é mesmo só o tom. E é um tom mais neutro que você vai usar. Decore a frase "O que se passa?" e procure o olhar dos seus filhos.

3. Você não tem nada a ver com o assunto

Temos a mania de atribuir tudo a nós e de nos ofender. O fato de as crianças não serem perfeitas e fazerem asneiras não é algo que façam voluntariamente contra nós, nem para nos ofenderem. São só as crianças sendo crianças. Nada mais, nada menos. Procure, então, o que é realmente importante.

4. Respire

Depois de dar os três primeiros passos para se autorregular, respire fundo. É neste momento que você descobre o que é realmente importante.

"Meu amor, então você queria pintar com os guaches do seu irmão e ele não deixa? Parece que você ficou tão chateada com isso que teve vontade de empurrá-lo, foi isso? Hummm... então diga a ele o que deseja em vez de lhe tirar os guaches da mão."

"Margarida, mas você é mesmo determinada! Faz tudo para conseguir que a mãe/o pai lhe dê a caixa dos biscoitos antes do jantar, não é? Já percebi!"

"João Miguel, então me mostre como é que se calça o sapato! Claro que consegue, eu já vi você fazer isso muitas vezes. Vamos fazer de conta: eu sou você e você é a mãe/o pai. Mostre-me como se faz!"

"Eduardo, sei que aos 16 anos já não gostamos que os pais digam que não se pode fazer isto ou aquilo. Eu sei. Mas não é por isso que vou mudar de ideia. O que combinamos é que não há saídas no meio da semana."

A autorregulação na prática

Imagine que a sua filha tem a mania de ser do contra. Imagine que você lhe diz que está na hora de arrumar os brinquedos para ir dormir e que ela lhe responde: "Arrume você, é você que quer!".

Como é que uma coisa pequena, do alto dos seus seis anos, responde a você dessa forma?

Como é que normalmente você reage? Em um tom alto, você diz "Não me fale assim!", e ameaça logo a seguir que, se você se levantar para os arrumar, vai tudo para o lixo. Ou então finge que não a ouve para não ter que se chatear. Sente-se até envergonhado(a) e, quem sabe, rebaixado(a) pela sua própria filha. E isso não é nada simpático.

Assim, a minha sugestão é que, em uma próxima vez, você faça diferente.

Quando algo semelhante acontecer, lembre-se de centrar-se. Tenho um truque que vou lhe contar: sinto mesmo o chão. Em parte, a minha concentração vai para algo físico, como se eu estivesse ligando-me à terra, puxando toda a minha energia para aquele momento. Conheço uma mãe que começa a rodar a aliança no dedo. Descubra a sua forma de centrar-se. A seguir, lembre-se do seguinte: a situação pede que você seja maduro(a) o suficiente para resolver a questão. Quem lhe disse que você tem que se ofender?

Diga-lhe:

"Humm... você tem razão, sou eu quem quer isso arrumado [reconhecimento]. Sabe, quando você me fala assim, fico mesmo triste e com a sensação de que não gosta de mim. Possivelmente você também se sente um pouco igual quando eu a mando arrumar sem sequer olhar para você [empatia].

Sabe, também tenho dias em que não gosto de arrumar, mas gosto de ver as coisas arrumadas e em ordem. Talvez amanhã seja um bom dia para olharmos para todos estes brinquedos e perceber os que estão a mais. Depois é muito mais fácil ver aqueles com que realmente gostamos de brincar e também é mais fácil arrumar. O que você me diz? Será que consegue me ajudar?".

Quando você sabe parar, quando se centra e olha, sem ofender-se, consegue canalizar a sua energia para o que é realmente importante e para aquilo que é verdade.

Fazer autorregulação é focar no que é essencial, no que é realmente importante. Por outro lado, quanto mais oportunidades criarmos nas nossas vidas para o fazer, mais rapidamente tudo se tornará mais claro e em uma espécie de automatismo.

Temos cada vez menos redes de suporte, a família pode estar longe, ou ocupada, e os dias parecem passar sem nos darmos conta disso. Aliás, há dias em que fico com a sensação de que só educamos as crianças quando temos tempo para isso, porque passamos os dias entre tarefas. Você também sente isso?

O que é curioso é que, quanto menos tempo passamos com as crianças, menos sabemos estar com elas, você já reparou? Parece que falta uma forma de ligação – e falta mesmo! Deixamos de saber estar uns com os outros e, porque as crianças crescem, adquirem novos interesses todos os dias e não estamos próximas, deixamos de conseguir acompanhá-las. Não é por mal; eles fazem a vida deles e nós a nossa: uns no quarto, outros na cozinha e outros na sala. Quantas vezes estamos todos juntinhos, na mesma sala, e, ainda assim, cada um está no seu mundinho? Quem pode acabar por perder a carruagem somos nós.

O segredo é, então, investirmos no vínculo e na relação.

Como se faz isso, todos os dias?

2.4 De uma relação de conflito a uma relação cheia de significado

O vínculo ou a qualidade da relação que você estabelece com o seu filho é a chave para fazeres do *Berre baixo!* um caso de sucesso. Se você leu as regras com atenção, sabe que o objetivo não é apenas deixar de gritar em casa, mas sim melhorar as suas relações.

A varinha de condão da educação é a qualidade da sua relação com o seu filho.

É bom sentirmos que os nossos filhos têm uma ligação profunda conosco, mas é extraordinário nos sentirmos ligados a eles.

O vínculo resgata a felicidade e o significado de sermos pais dos nossos filhos.

Não podemos pensar que, porque são os nossos filhos e nós os pais, tudo está garantido. O tal *chip* de que lhe falei anteriormente não é eterno, e o fortalecimento dessas relações está nas nossas mãos e não nas das crianças. Por favor, continue a ler este capítulo, porque é justamente sobre isso que você trabalhará durante esta semana: na sua relação. Por outro lado, a qualidade dessa relação colocará o carimbo no tipo de relacionamento que as crianças terão quando forem maiores. É por meio desse carimbo que aprendem o que é, e como é, uma relação íntima – com conflito, agressões e castigos ou com conflito (que, como você sabe, é algo normal), respeito e ajuda.

Mas há mais coisas importantes a saber em relação ao vínculo. É por meio dele que o cérebro de uma criança se expande. A qualidade das experiências que ela tem a ajuda a fazer leituras e aprendizagens. Por isso, quando os pais se acalmam e ajudam os filhos a acalmarem-se, a escolher a forma como se relacionam, então o cérebro da criança grava os comportamentos e copia-os nas situações futuras. Se os pais não souberem fazer a autorregulação, não poderão ensiná-la aos filhos. Assim, a autorregulação deverá vir sempre de nós.

Finalmente, e talvez este seja um dos pontos mais importantes, o vínculo que estabelecemos com os nossos filhos lhes dá a verdadeira noção de valor. O significado de autoestima é o valor que atribuímos a nós próprios mas que, em um primeiro momento, nos é dado pelos pais. Por conseguinte, quanto melhor e mais forte for esse vínculo, mais equilibrada será a autoestima dos nossos filhos. Por quê? Porque, quando uma criança tem uma autoestima segura, sente-se capaz de atingir os seus objetivos e acredita nela e no valor que tem. Por esse motivo não sente necessidade de pedir atenção da pior forma. É comum encontrarmos crianças capazes de feitos extraordinários, mas que nunca estão satisfeitas consigo próprias porque não se sentem dignas desse valor.

2.5 Como estimular a autoestima do seu filho?

É verdade que, quando gritamos com os nossos filhos, a sua autoestima fica abalada? Antes de tudo, convém perceber do que estamos falando.

A noção de autoestima é algo muito íntimo e que diz respeito a cada um de nós, individualmente, mas que, nos primeiros anos de vida, também é alimentada pelo tipo de relação que os pais (você!) estabelecem com os filhos. Além disso, está também relacionada com a própria natureza da criança – mas não vamos deixar em mãos alheias a nossa parte, não é?

Respondendo à questão acima, a resposta é... depende. Gritamos muitas vezes porque as crianças têm comportamentos menos adequados. Quanto mais esses comportamentos se repetem e quanto mais gritamos, mais realçamos a mensagem de que elas não são capazes de se comportar de forma diferente.

É normal dizermos coisas como "É sempre a mesma coisa com você!", "Quantas vezes tenho que repetir isso?", "Você nunca aprende?", o que, de forma implícita, significa que acreditamos que a criança não será capaz de fazer de outra forma e, por isso, independentemente do esforço e da boa vontade que possa ter, nunca chegará lá.

Quando a criança passa a acreditar nisso, então, aí sim, podemos estar fragilizando a sua autoestima. E por quê? Porque ela deixa de ter fé na sua capacidade de ser resiliente, de se transformar, e deixa de acreditar na magia que existe dentro dela. Deixa de acreditar que é capaz e que é possível.

A solução não passa apenas por deixar de gritar, passa também por deixar de humilhar e de expor a criança. Frases como "Tão grande e ainda de chupeta?", "E agora, vai fazer o quê? Chorar? Devia ter pensado nisso antes!" saem no calor do momento e com a única intenção de prevenir e evitar comportamentos, mas têm, na verdade, um grande grau de agressividade. Por isso, trabalhe a sua autorregulação – é tão simples, você só tem que começar!

Imagine que...

Imagine que o seu filho Manuel insiste que não quer comer sozinho, que não consegue calçar o tênis. Você sabe que ele é capaz – afinal, não faz nada disso com os outros –, mas aquela choramingação e a insistência acabam com você. Há dias em que você acha que ele nunca será capaz de nada e isso lhe deixa em pânico. Há outros dias em que diz a ele: "Tão grande e não sabe comer? Já viu os outros meninos menores que você e que já comem tão bem? Ai, que vergonha...! Vamos lá, Manuel, coma que depois a mãe/o pai vão ficar felizes/lhe darão um bombom".

No entanto, nada parece funcionar. Você se sente impotente, cansado(a) e desesperado(a). Tem vontade de ceder e resolver o assunto, mas também tem vontade de gritar, parece que ele não ouve você e, pior, nunca faz o que você pede. Você sabe que ele come sozinho na escola, por que está fazendo isso? Será que não está bem? O que significa isso?

É possível até que, depois de gritar com ele ou de ter cedido, você se sinta culpado(a). É o famoso provérbio: "Se ficar o bicho come; se correr o bicho pega". Se você cede, sente-se mal; se grita, sente-se mal também.

Da próxima vez, sugiro que faça desta forma: se puder, e quando o seu filho fizer algo de forma apropriada, registre em vídeo ou foto. Diga-lhe: "Estou filmando o Manuel tomando a sopa/fazendo os exercícios de Matemática/ tomando banho sozinho". Enquanto você filma, descreva o que vê. Não precisa lhe dar os parabéns, nem elogiar. Descreva o que vê, sempre! Por quê? Porque o seu filho se sentirá levado em consideração nesse momento e saberá, pelas suas palavras, que faz as coisas. E que você está vendo ele!

Então, naquele momento em que ele se vira para você e diz que não consegue, a única coisa que você tem que fazer é dizer-lhe, em um tom descontraído: "Sei que consegue... e sabe como sei? É que, além de ser mãe/pai – e os pais/as mães sabem sempre quase tudo –, também filmei isso no outro dia... Já viu bem? Humm, seu malandrinho, vamos lá agora! Ande logo pra terminar tudo!". (Lembre-se de usar um tom leve e meigo.)

E depois? Depois você muda de conversa ou vai fazer outra coisa. Por quê? Porque, quanto mais você ficar ou continuar a conversa, mais espaço o seu filho terá para lhe convencer (e cansar) do contrário. Por outro lado, ao ficar ou ao manter a conversa, dará a sensação de que não está seguro(a) do que acabou de dizer.

Na verdade, a palavra "confiança" pode ser um sinônimo de vínculo. A criança confia e deixa-se guiar por um adulto em quem confie. É dessa forma que tocamos nos corações dos nossos filhos e que os conquistamos. Por isso, é fundamental criarmos espaço para nos ligarmos ao longo do dia.

Continue a ler os comos, os porquês e as explicações para fazer disso um caso muito sério. Esta é a semana do vínculo e de apostar nas relações.

"Não fique preocupado se os seus filhos não lhe escutarem sempre... preocupe-se antes com a forma como veem você."

Provérbio

2.6 Nove estratégias para você trabalhar o vínculo e a relação, todos os dias

1. Dê-se aos seus filhos

Uma enfermeira reuniu uma lista das coisas que as pessoas mais lamentavam na hora da morte. Uma delas era ter tido tempo e não o ter dado às pessoas mais importantes. É cada vez mais comum termos tempo para os nossos entes queridos apenas nos momentos em que conseguimos terminar as tarefas supostamente prioritárias... ou quando algo de grave acontece. Assim, coloque de forma muito clara e óbvia o que é importante para você e aja em conformidade. É importante que você se dê às crianças, que apareça e que deixe a sua impressão digital nas suas vidas com algo que lhes ensinou. Podem ser coisas tão simples como:

"O meu pai ensinou-me a escutar-me, porque soube me escutar e colocar as questões mais importantes."

"A minha mãe mostrou-me como posso ser mais organizado e focado."

"A minha mãe ensinou-me que todos temos coisas boas, fosse quando me pedia para separar os talheres para o jantar, fosse quando fazíamos as surpresas ao meu pai e ao meu irmão. Era tão bom vê-los felizes. Sabendo que contribuí para essa felicidade e também me sentir útil e que contavam comigo."

"O meu pai sempre soube como me escutar, valorizar e acalmar. Lembro-me de uma vez que fiz uma asneira e ele agarrou em mim e deu-me um abraço em vez de me castigar. Percebeu que não era a minha intenção e soube ver que estava devastada. Isso deu-me segurança nele e no mundo – o meu pai conhecia-me, aceitava-me e sabia o que estava fazendo."

O seu tempo é valioso e torna-se ainda mais quando você sabe usá-lo para estabelecer confiança na sua relação com o seu filho, para passar os seus valores e ajudá-lo a criar as bases da pessoa que ele será.

O nosso amor é dado em forma de tempo, por isso use-o da melhor forma e elimine as fontes que lhe fazem desperdiçar o seu tempo, que é mesmo precioso.

Procure estar, mesmo a sério, com os seus filhos.

Boa pergunta!

"Mas eu passo tempo com o meu filho. Chego em casa, sento-me com ele para brincar, faço isso todos os dias, mas, quando digo que já chega e que tenho que ir fazer o jantar, ele quer mais! Será melhor deixar de jantar?"

O que o seu filho está tentando dizer? Que quer mais de você, mas não necessariamente em quantidade. Quando eles não nos largam, quando se comportam de uma forma menos adequada, significa que sentiram que você não esteve lá 100%. Justamente por isso é que lhe custou a passar o tempo. Quando não estamos completamente presentes, as crianças sabem disso, e então é como se tivéssemos feito trapaça e não tivéssemos jogado o jogo direito. Temos que recomeçar.

Se você está lá ao lado, fique junto deles de forma séria. São os seus filhos, não faça de conta que está.

2. Mimo a mais não existe!

O que existe é falta de limites. Em todos os momentos você tem oportunidade de se ligar aos seus filhos. Quando acordam. Quando vai buscá-los na escola ou no contraturno ou até na casa dos avós. Depois de estarem brincando ou enquanto esteve arrumando a roupa ou ao telefone com uma amiga. Então, quando voltar ao mundo com eles, "linke-se". Como? Com o seu olhar confidente, com um carinho no rosto, com um sorriso, com uma pequena brincadeira.

3. Boas maneiras

As boas maneiras modelam-se e também se educam. Devem ser ensinadas desde muito pequenos e fazem a diferença na relação parental, e todo mundo gosta quando é bem tratado e de forma educada. Ensine ao seu filho a generosidade, a atenção ao outro, o "por favor" e o "obrigado", e por que isso é tão importante.

Naquelas vezes em que ele lhe pede as coisas de forma mais ríspida, olhe para ele e diga: "Hummm... você se enganou no tom. Repita isso, mas com aquela voz doce que só você tem...". Quando você também se enganar, diga-lhe e coloque um tom adequado.

4. Escute

"Escute para que quem fala tenha vontade de continuar falando com você." Não é isso que todos desejamos? Que as crianças venham até nós e se comuniquem? Olhe que quem avisa amigo é, e você vai precisar desse caminho aberto quando chegarem à adolescência. Se o seu filho já é adolescente, então, por favor, use todas as estratégias deste livro, porque elas são transversais a todas as idades.

"Quando você fala, estás apenas repetindo o que já sabe. Mas, quando escuta, é possível que aprenda algo novo."

Dalai Lama

Claro que escuto os meus filhos! Ainda ontem ela fez uma asneira e eu estive explicando com toda a calma o que se espera que aconteça e ela prometeu que nunca mais iria repetir. E sabe o que aconteceu? Hoje de manhã ela fez igual.

Se essa é uma situação comum na sua vida, releia a frase e responda a esta questão: quem é que escutou quem?

Escutar não é concordar.

Escutar não é mostrar uma posição fraca.

Escutar é apenas dar espaço ao outro, que, nesse caso, é o seu filho, para existir e se fazer valer. Não é porque você escuta as queixas dele em relação ao irmão ou a justificação acerca do esquecimento de um trabalho que você aceita ou compactua com a situação. Permita-se escutar, colocar questões e depois direcionar a situação. Porque é quando você escuta – quando procura entender as suas motivações – que ele se sente levado em consideração e, assim, muito mais disponível para aceitar as suas orientações.

E quando isso não acontece? Bom, talvez seja boa ideia você rever a matéria sobre escutar.

5. Desacelere

Você também sente que anda correndo, que o tempo que você tem nunca é o bastante? Então, desacelere! É fácil dizer, não é? Sei que sim. Mas também sei que é possível. Comece devagar, porque é mais certo. Pode começar por desligar-se do celular, ou do *tablet,* ou da TV quando chegar em casa. Pode sentar-se e brincar com eles e, enquanto fazem a lição, pode fazer uma lista dos cardápios, pode verificar a correspondência, pode simplesmente colorir um caderno ou ler um livro (nada de digital). Permita-se uns 15 minutos apenas e verá que sabe. Pode desacelerar e ter esses 15 minutos estando ao lado deles.

Crie os seus rituais. Seria bom que você tivesse os seus rituais da manhã e da noite, e que pudesse fazê-los em apenas cinco ou dez minutos. Podem envolver meditação ou apenas acordar e começar o dia sozinho(a), só consigo mesma. Se para isso necessitar acordar mais cedo, experimente. Há coisas que valem a pena!

Há dois anos que tenho um ritual sagrado – depois de deitar a minha filha, fecho a porta do meu quarto e cuido de mim. Tiro a maquiagem, lavo o rosto, coloco os cremes no rosto e no corpo, escovo o cabelo, visto o pijama. Faço tudo devagar e, mesmo assim, isso não leva muito mais que dez minutos. São dez minutos não negociáveis em que me honro e mimo. Sinto-me mais centrada, serena e feliz. Não negociáveis – nem comigo nem com os outros.

Amélia, 42 anos, mãe da Emília, de 6 anos.

6. Respeite e aceite as emoções

Como você sabe, não se escolhem as emoções. Eu não escolho o que sinto, as emoções acontecem. Por isso se diz que devemos respeitá-las. O que você pode fazer é ajudar o seu filho a lidar com elas e a fazer a sua gestão. Como? A resposta você já sabe: começando por você e fazendo a sua própria gestão emocional. Depois, ajudando-o! Ele tem todo o direito de estar zangado, decepcionado, entusiasmado ou com medo. As emoções são o que são. O que tem moralismo são as ações.

7. Repreenda menos

Há muito pouca paciência para estar próximo daqueles pais (e pessoas) que estão sempre repreendendo e reclamando. E há ocasiões em que abusamos! "Sim, meu amor, a sua cama está bem-feita, mas este edredom bem que podia ter ficado mais esticado." Corrigir é importante, claro que é, mas há momentos em que podíamos falar menos, sorrir mais com os olhos e ficar satisfeitos com algo que eles fizeram para (também) nos agradar.

8. Empatia

A empatia é a capacidade que temos de nos colocarmos no lugar dos outros. Entendo que o meu filho possa não aceitar essa decisão que tomei, e também posso lhe dizer que sei que ele a sente como injusta e que não é porque está chateado comigo ou porque bateu a porta que vou mudar de ideia. Depois? Depois deixo estar – ele tem e precisa do seu espaço.

9. Brinque

Brincar é uma coisa muito séria, porque é brincando que a criança aprende a se comunicar, a experimentar e a conhecer o mundo. Porém, no que nos diz respeito, brincar bem pode ser considerado a linguagem mais fácil entre adultos e crianças, porque aproxima as pessoas e é uma das melhores formas de criar vínculo. E este é determinante para a parte da autoridade e obediência, porque ninguém obedece se não se sentir "linkado" ao outro.

2.7 Trabalhe a retaguarda

Educar um filho tem alguma ciência e muito de lógica. Como você já sabe, não há milagres no domínio comportamental e relacional. Assim sendo, se você quer que tudo isso funcione, tem que trabalhar, inevitavelmente, a retaguarda. Se estivéssemos falando de agricultura, saberia que o solo, para ser plantado e dar bom fruto, tem que ser trabalhado. É disso mesmo que estou falando.

Como? Assegure-se de que cumpras estes dois pontos e garanto-lhe que a colheita será extraordinária!

1. Dia do filho único

O maior rival dos nossos filhos é o irmão, porque compete pelo tempo dos pais e este não é um recurso infinito, ao contrário do amor. Só que as crianças pouco sabem sobre esses recursos finitos ou infinitos. Se só tem um filho, o dia do filho único também é para você.

No dia do filho único confirmamos que as crianças têm mesmo naturezas diferentes e é bom vê-las na sua essência. É que esse dia não é apenas bom para as crianças: é gostoso estar só com um deles, de forma individual, justamente para o apreciarmos sem termos de gerenciar guerras, discussões ou outros temas.

Quando fazemos o dia do filho único, o copo dos afetos começa a encher, nos aproximamo e temos cada vez mais vontade de estar uns com os outros, porque é muito bom!

> **Boa pergunta!**
>
> "Isso é tudo muito bonito, mas no outro dia fiz um dia do filho único e ele não só se portou mal parte do tempo como quando chegou em casa fez uma enorme birra! Não vale a pena, ele não merece esse dia!"

Aqui me falta alguma informação, especialmente saber a idade da criança, se teria as necessidades básicas asseguradas (descanso, alimento) e se foram fazer alguma atividade com ela e não para ela (ir passear de bicicleta, ao parque, por exemplo, em vez de ir comprar um blusão ou um par de tênis de que até precisa). Essa é a primeira questão. A segunda é assegurar que é muito comum acontecerem birras desse tipo nas primeiras vezes que você faz o dia do filho único. Por quê? Pode haver diferentes motivos:

a. Você não sabe dedicar exclusivamente o seu tempo à criança.
b. A criança não sabe lidar com as fortes emoções que sente em um dia que está se tornando tão especial.
c. A criança percebe que esse momento acaba – e sente isso como uma traição ou um desapontamento.

Então, como fazer para lidar com os três pontos citados?

Procure aceitar que o seu filho tem sentimentos muito fortes e que está aprendendo a lidar com eles. Ajude-o e procure ser paciente.

Marque já o próximo dia do filho único – esta é a dica principal, que lhe mostra que o copo dos afetos não está cheio e precisa de mais dias como esse.

Não precisa fazer um dia inteiro de filho único, pode fazer meio dia. O importante é que o faça, com regularidade!

2. Quinze minutos por dia

Não temos tempo. Ponto-final. Por isso admito que seja muito difícil termos 15 minutos exclusivos com os nossos filhos, mas, se temos 15 minutos exclusivos com o nosso celular e com o Facebook, por exemplo, podemos dar um jeito, não acha?

O que quero dizer com isso é que é fundamental que você encontre todos os dias um momento em que possa criar uma relação com os seus filhos. Sabe, as relações não têm sempre que ser espontâneas, mas sim interessadas.

Quando você estiver dando banho neles, saia do piloto automático; quando estiver vindo para casa com eles, saia da distração e se interesse por quem está ao seu lado. Lembre-se de que está trabalhando a retaguarda, ou seja, trabalhando o solo da sua relação para poder plantar e colher. Amém!

2.8 As quatro regras de ouro para escutar melhor

"O maior elogio que já me fizeram foi quando me perguntaram o que eu pensava e esperaram pela minha resposta."

Henry David Thoreau

Nesta semana, em que trabalhamos o vínculo, é curioso reparar que escutar é, a cada dia que passa, um dom e também uma dádiva. Recordo-me de ter lido que muitas vezes escutamos e vamos preparando a resposta a ser dada. Talvez este seja mesmo o segredo – escutar sem ter necessidade de responder. Aqui ficam as regras de ouro para nos tornarmos ouvintes competentes! Sim, porque nessas coisas de comunicar ainda temos muito a aprender.

1. Desacelere para ouvir melhor

Quem tem muitas coisas e vivências para compartilhar conosco (confia em nós, ainda por cima!, não queira perder isso) precisa e quer compartilhar.

Sente que só quando está falando é que nos tem para si. Possivelmente sente que não estamos totalmente concentrados quando o escutamos. Cá entre nós, que ninguém nos ouça, quantas vezes você fingiu escutar?

O que muda no comportamento do seu filho quando realmente você o escuta?

(Para mais questões, ver o final do capítulo, na sua sessão de *coaching*.)

"Nunca conheci ninguém cuja maior necessidade não fosse outra que amor incondicional."

Elisabeth Kübler-Ross

2. Psiu...

Sim, é óbvio, mas nos esquecemos algumas vezes, não é? Como já disse, temos sempre a sensação de que temos que responder ou preencher o silêncio, e isso não é verdade.

A minha sugestão é que você use frases que estimulem seu filho, para escutá-lo mais tempo e de forma mais atenta:

— Não me diga, sério?!
— E que mais?
— E depois?
— Espere, deixe eu entender isso: conte-me tudo...
— E você?
— E ele?
— E...
— Hum... estou vendo...
— Foi mesmo?
— Ah, sério?

3. Regras da língua portuguesa

Lembre-se das aulas de português, em que aprendemos a colocar questões abertas e fechadas? É isso mesmo, vamos fazer perguntas abertas, usando o que já sabemos.

Comece as perguntas com:

Como...?
Como foi a escola?
Como vai fazer da próxima vez?

O que...?
O que foi o almoço hoje?
O que há de tão difícil nisso?

As perguntas "Por quê?", "Acha que?" ou colocam o seu filho na defensiva ou fecham as opções. Treine, por favor!

4. Você tem mesmo que aconselhar ou dar a sua opinião?

Provavelmente não... Dê-lhe um voto de confiança. Você não tem que interferir em tudo, e, quando confia no seu filho, ele também passa a confiar nele mesmo.
Respire fundo. Confie!

2.9 Três passos a dar depois de ter gritado com o seu filho

Não queria acreditar na violência com que gritava com os meus filhos. Era de uma agressividade enorme... E, pior do que tudo, não me apercebia de que a maior parte das vezes tinha a ver comigo – ou porque me esquecia de algo, ou porque ficava zangada porque eles se distraíam, ou porque a voz deles me irritava.
Com este desafio percebi que tenho direito a sentir tudo isso, mas ninguém merece a forma como eu os tratava. Muito menos os meus próprios filhos. Felizmente percebi que não ia mudar os meus filhos e que era eu que tinha que mudar... e urgentemente.
Senti imensa culpa, mas depois de ter feito duas sessões de coaching percebi que a culpa só atrapalha e decidi, conscientemente, mudar e seguir o desafio do início ao fim. Custou-me muito, recomecei muitas vezes, mas hoje me considero uma pessoa mais serena, gentil e, acima de tudo, mais próxima dos meus dois filhos.

Maria José, 39 anos, mãe do Afonso, de 3 anos,
e do José Maria, de 9 anos.

Há uma música que diz *"it's always darkest before the dawn"*, ou seja, o momento antes de se fazer a luz é sempre o mais escuro. Não permita que as suas falhas como mãe/pai o derrubem. Pelo contrário, aprenda com elas a ser alguém mais paciente, a ser mais gentil e mais sábio(a). Como? Faça este desafio de forma séria e com um enorme respeito por quem você é e por quem são os seus filhos. Saia do piloto automático (já lhe disse isso, não disse?) e pense em quem você quer se tornar. Se é cansativo? Claro que é! Se dá trabalho? Sim, dá! Mas tornar-se uma pessoa melhor é algo extraordinário e bom! Faça acontecer! Vamos lá!

1. Acalme-se

Respire fundo. Nem pense em desistir deste desafio, porque, como você sabe e leu nas regras, não é para deixar completamente de gritar com os seus filhos. Você pode anotar há quanto tempo não grita com eles, mas talvez o ideal seja anotar há quanto tempo tem conseguido controlar-se e gerenciado as suas emoções.

2. Recomece

Depois de se acalmar, pense no que quer fazer de diferente da próxima vez e como pode fazê-lo.

Finalmente, pode pedir desculpas aos seus filhos. Ninguém é perfeito, e é essa sua humanidade que o torna autêntico(a) aos seus olhos, e muito mais inspirador(a).

3. Reconecte-se

Vá até seu filho, acalmem-se juntos e sigam a vida, sem sentimentos negativos.

> Sempre quis que os meus filhos fossem crianças autônomas e organizadas, mas sempre achei que isso deveria vir da sua própria iniciativa. O que era altamente frustrante, porque nunca acontecia. E isso irritava-me e eu berrava. Sei que tudo era, no mínimo, desagradável e sei que fui bruta muitas vezes. Em uma sessão de coaching que fiz percebi que seria muito mais benéfico para todos ajudá-los a aprenderem a arrumar. Criamos uma tabela das tarefas, uma espécie de checklist, e é tão bonito vê-los organizarem as suas vidas e cuidarem das suas coisas.
>
> Margarida, mãe do T., de 9, do T., de 6, e do T., de 4.

Os berros podem funcionar no início, mas possivelmente você já sentiu que há momentos em que ameaça, grita, usa todas as estratégias e nada funciona...

O vínculo é o que torna tudo mais simples e fácil. Registre esta frase, escreva-a em todo lugar: "Ligue-se e redirecione".

Ligue-se ao seu filho, sendo empático(a), utilizando a técnica do espelho (ver a página 71) e só depois é que aquilo que você corrigir e a orientação que der terão efeito. Sem isso, nada feito. É energia mal gasta e para nada.

2.10 As novas tecnologias e o tempo perdido

Finalmente, e porque nesta semana se fala de vínculo, ligações e relações, é importante que possamos olhar para o fenômeno das telas e para como o digital tanto nos distrai e nos tira o foco daquilo que são as verdadeiras relações.

"A intimidade digital dá cabo do nosso apetite pelas coisas reais."
Gordon Neufeld

É verdade que o nosso primeiro objetivo, como seres humanos, é criarmos laços com quem está à nossa volta – seja com quem trata de nós, seja com quem cuidamos. É assim que nos sentimos valorizados e encorajados, criando as experiências e as pontes para vivermos a vida que desejamos viver.

Como seres humanos, fomos e estamos programados para nos ligarmos uns aos outros por meio da convivência social, da relação, e do cara a cara. No entanto, a forma como temos a nossa vida organizada, nas últimas décadas, tem trazido para as nossas vidas o digital.

É verdade que o digital nos facilita imensamente a vida. É uma comodidade ver quais farmácias estão abertas agora ou enviar uma foto dos nossos filhos à família que está longe.

Como em tudo, o equilíbrio deveria ser a regra na utilização daquilo que causa dependência, porque, sim, a internet, os jogos e tudo o que é digital causam dependência. Não são apenas os conteúdos, mas também a quantidade de estímulos que um texto ou uma página de uma rede social provoca no nosso cérebro. Esses estímulos são muito maiores do que ler um livro ou conversar com alguém, de carne e osso, cara a cara. Já existem autores que se referem a esse fenômeno como o nascimento de zumbis digitais, mas a palavra zumbi é um paradoxo. Andamos como zumbis nas relações humanas e não na nossa interação com todos os dispositivos a que temos acesso.

O equilíbrio é mais difícil de gerenciar. É irônico dizermos às crianças que não devem passar tanto tempo na frente do *tablet* ou da TV para depois lhes oferecermos o mesmo objeto durante o jantar, em um restaurante. É verdade que todos temos direito ao descanso e à distração. E, sim, é prazeroso ir jantar fora em família, não ter que cozinhar nem arrumar a seguir, mas não podemos pedir que as crianças não sejam dependentes da tecnologia quando a colocamos à sua frente sempre que nos convém. Se é para aproveitar a saída, descansar das tarefas domésticas, então aproveitemos a reunião em família... e não cada um com o seu aparelho nas mãos.

Nós nos desvinculamos do papel de pais quando, continuamente, deixamos que a tecnologia passe a entreter os nossos filhos. A cada passo nos afastamos mais deles, e eles de nós. A cada momento perdemos situações mágicas, porque estamos olhando para baixo, para um mundo virtual. Andamos cansados, com menos paciência e já não sabemos nem conseguimos manter uma relação com significado e valor. Passamos o *tablet* a eles porque já não conseguimos investir naquilo que temos de mais precioso na vida – essa relação parental que mencionei. De repente, nos vemos em uma bola de neve. Estou mesmo muito convencida de que estamos deixando de saber estar uns com os outros. É absolutamente assustadora a facilidade com que pegamos nos celulares e nos *tablets* para nos distrairmos quando sentimos que o assunto não está animado. Está lá, direta ou indiretamente, o virtual é mais estimulante.

O perigo da internet reside no fato de ela estar em todo lugar. Não é porque eu corto o acesso em casa que os meus filhos não vão ter acesso grátis em um café qualquer, na escola ou na casa dos amigos. O bicho-papão passa a estar, de repente, em todo lugar, com utilizadores diferentes, anônimos, sem rosto, sem voz...

Temos ao nosso alcance uma série de oportunidades para mostrarmos aos nossos filhos como se faz para estar mais com as pessoas (no real) e também para estarmos mais conosco próprios, sem hiperligações:

- Não atendendo o celular quando estamos com amigos, a menos que seja mesmo necessário.
- Guardando os celulares e os *tablets* quando recebemos amigos em casa.
- Deixando os celulares e os *tablets* na cozinha ou na entrada de casa quando vamos dormir, ligando a opção "não incomodar" (só poderá "incomodar" quem permitirmos e, de outra forma, o celular não tocará).
- Desabilitando as notificações.

Sabemos que estamos chegando a um limite quando percebemos que há clínicas para desintoxicação digital, que há pessoas que já cortaram o acesso em casa porque querem ter mais e melhor tempo em família.

Se o cenário for assustador (porque é!), a única forma que temos de resgatar as nossas crianças (e a nós) é por meio da relação que temos com elas.

O vínculo, que é a qualidade da relação que criamos com os nossos filhos e eles conosco, é que poderá salvar esse enredo. Quando pais e filhos se mantêm ligados por meio das experiências reais que vivem e que enchem de valor a vida que têm, então essas crianças estarão menos suscetíveis a serem "levadas" por caminhos desviantes. Quando mantemos uma comunicação aberta, em que todos os envolvidos são aceitos por aquilo que são, pela sua natureza única, temos mais vontade de nos mantermos por perto, temos mais vontade de compartilhar os acontecimentos das nossas vidas e de pedir opiniões. A isso chama-se "vínculo", a isso chama-se "capacidade em comunicar".

Seria uma tolice proibir o acesso ao digital, porque este é bom. É bom fazer um curso a distância sem sair do lugar, fazer compras *on-line*, é bom comentar as fotos dos amigos, ler os jornais digitais, manter um *blog*, começar uma corrida no Porto com uma amiga que está em Lisboa ou receber uma notificação de que a nossa encomenda já foi entregue no destino. Mas também é bom ler livros em papel, jogar jogos com dados, pintar com pincéis e em uma tela, opinar e discutir de forma inflamada sobre um tema, manter relações verdadeiras com pessoas que são imperfeitas, com corpos imperfeitos, com personalidades imperfeitas. A inteligência emocional pode ser teoricamente aprendida com cursos no YouTube, mas não é aplicável a não ser num *tête-à-tête*.

Estou mesmo convencida de que é quando criamos experiências boas com os nossos filhos, quando tornamos a nossa vida comum, quando "mandamos indiretas", fazemos *likes* verdadeiros ou lutamos no tapete da sala que pomos em equilíbrio essa equação.

Eu costumava ter o "só um minuto" na ponta da língua – ora porque estava rolando a tela do celular, ora porque... não sei bem. Hoje em dia digo "um minuto" quando, de verdade, preciso mesmo de um minuto. Não quer dizer que vá estar sempre com eles, mas respondo ao que precisam e vou mantendo a conversa. Esse tempo de atenção mudou mesmo a nossa relação. Sinto-os mais serenos, menos chatos, até. E eu também ando mais calma e menos chata.

Joana Matias, mãe da Ana Margarida, de 4, e do Manuel, de 3.

Semana 2: o vínculo

Tome nota:

- O vínculo é a qualidade da relação que estabelecemos com os nossos filhos e eles conosco.
- O vínculo é a base de uma autoridade parental tranquila e também a garantia de uma autoestima segura nos seus filhos.
- A autorregulação é um dos pontos mais importantes que você deve trabalhar em si mesmo. Procure informações, leia sobre o assunto e busque ajuda.
- A varinha de condão da educação é a qualidade da relação com o seu filho.

Lembre-se do seguinte:

- Dia do filho único, se tiver mais de um filho. Se não tiver, faça do mesmo jeito, porque é um dia dedicado ao seu pequeno amor.
- Quinze minutos por dia de atenção e interesse. Todos os dias. Escolha a sua forma.
  - Aprenda a escutar e a fazer boas perguntas.
  - Cuide de você; nunca é demais dizer isso.

SESSÃO DE COACHING

SEMANA 2

Você consegue garantir um mínimo de dez minutos para preencher esta ficha? Pode ler e ficar pensando nela, mas gostaria muito que retornasse aqui e escrevesse nestas linhas a resposta a cada uma das questões. Combinado?

Como você faz para criar vínculo com o seu filho, todos os dias? Escreva pelo menos quatro ou cinco desses momentos.

_____
_____
_____
_____
_____
_____
_____
_____
_____
_____

Quando você cria essas oportunidades, como o seu filho reage? Você pode referir-se ao momento exato ou descrever como ele se comporta ao longo do dia.

_____
_____
_____
_____
_____
_____

Quando você se liga ao seu filho, do que gosta mais?

O que atrapalha normalmente esses momentos? São fatores externos, é você, são as crianças?

Como você pode contornar esses pontos?

Na primeira semana você apontou três características do seu filho. Hoje, eu gostaria que apontasse mais três.

_____

_____

_____

_____

_____

_____

_____

_____

_____

O seu filho costuma explodir, fazer birras ou ser acometido pelas muitas emoções que sente? Em caso afirmativo, como você se sente? E como lida com isso? Gostaria de ter ajuda para lidar com isso? O que já fez nesse sentido?

_____

_____

_____

_____

_____

_____

_____

_____

Depois de ler este capítulo, o que mais você tem vontade de fazer e por onde começar?

_____

_____

_____

_____

_____

_____

_____

_____

(3ª SEMANA)

ESTÁGIO

"Já tinha me apercebido de que as pessoas que conseguem as coisas raramente se encostam e deixam que aconteçam. Elas vão lá e acontecem às coisas."

Leonardo da Vinci

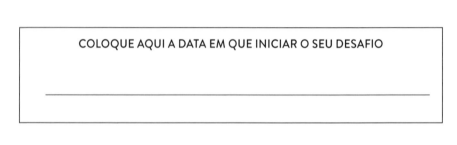

3.

> **Na primeira semana** deste nosso desafio convidei você a tomar consciência dos seus comportamentos e do que faz – realmente – você gritar. Possivelmente você concluiu que muitas vezes grita porque está frustrado(a), zangado(a), cansado(a) e que as crianças pouco têm a ver com o assunto.
>
> **Na segunda semana** o desafio foi dedicar mais e melhor tempo à relação com o seu filho. Você já sabe que só há cooperação quando a relação é forte e sólida. Esse é um trabalho que desenvolvemos todos os dias. Sim, mesmo quando eles já são grandes, mesmo que já estejam na adolescência.
>
> **Nesta terceira semana** veremos os casos que nos tiram do sério e que nos deixam a "ponto de perder a paciência". Daí o motivo de esta semana ser dedicada ao treino. Considere-se, oficialmente, em estágio.

3.1 Um estágio de uma semana

Como mencionei anteriormente, não escolhemos o que sentimos, mas temos a possibilidade de aprender a gerenciá-lo. Na verdade, é importante que você consiga separar a raiva, a tristeza ou o medo daquilo que são os seus comportamentos. A forma como decide agir está nas suas mãos.

Nesta semana você encontrará a descrição de situações que todos os pais vivem diariamente. Logo a seguir conhecerá as diretrizes e dicas que desejo que possam lhe inspirar.

Mas por que razão as dicas e a semana do estágio aparecem antes da semana da "maturidade"?

Parece que a primeira regra da Educação e Parentalidade Positiva diz "pais felizes = filhos felizes".

Sei que – e todos sabemos – é muito mais fácil lidar com as birras das crianças, e com as dos adultos, quando estamos com o sono em dia e quando conseguimos manter uma perspectiva positiva em relação à vida em geral. Porém, há momentos em que isso não é possível, e o tempo que gostaríamos de dedicar ao nosso descanso e a cuidar de nós não surge. Igualmente, acontece de nos sentirmos tão mal e tão culpados que nos sabotamos, e neste desafio temos também de cuidar e tratar de nós.

"É tão mais simples ser uma 'boa mãe' [seja lá o que isso for] de um filho fácil", disse-me uma amiga. É verdade que há crianças mais fáceis do que outras, tal como há pais mais pacientes e com perfis diferentes.

O motivo por que o "estágio" vem antes da "maturidade" é porque fui me apercebendo de que, ao longo destes últimos anos, em que tenho trabalhado com milhares de pais, há ocasiões em que, para a equação se tornar verdadeira ("pais felizes = filhos felizes"), é preciso começar pela outra ponta do novelo – as estratégias. Para que alguns pais se permitam descansar sem peso na consciência por terem gritado com os filhos, para saberem contornar uma choramingação que lhes aborrece muito ou para sossegarem uma guerra entre irmãos, a maior parte das vezes é preciso que conheçam estratégias práticas, claras e simples. É fundamental que alguém nos mostre para onde olhar e a causa das coisas. Quando conseguimos ver e usar algumas das propostas e percebemos que as estratégias dão resultado, então conseguimos respirar e tranquilizar o coração. Conseguimos serenar e ver que, afinal, aquilo não era um jogo de poder nem uma birra de má educação. Conseguimos ver para além do óbvio e do aparente. Nessa altura, porque sossegamos, o nosso coração amacia e aquela história de ter tempo de qualidade com as crianças passa a fazer mais sentido, e passamos a querer mais. Porque, até ali, e deixemos de hipocrisias, estar com as crianças poderia ser, por vezes, penoso.

Há pais cujos filhos são calmos, e isso é extraordinário. Lembro-me de uma mãe ter comentado que a filha mais velha é assim – calma, querida, atenta, que escuta – e estava convencida de que muito tinha a ver com a educação que lhe tinha dado. Depois veio o irmão – um furacão cheio de energia e de meiguice. Aí percebeu que, para além da educação, também existe a natureza da criança. Conheço famílias cujos filhos podem ser todos furacões ou crianças muito tranquilas – por natureza!

Estou 200% de acordo com o fato de ser muito mais fácil sermos melhores mães/pais quando os nossos filhos são calmos, porque simplesmente não temos de lidar com sentimentos mais negativos, que nos assaltam, em relação aos nossos filhos. Não há mal nenhum em sentirmos coisas feias em relação a eles. Pensarmos coisas do tipo "No que eu me meti!", ou "Estou ansiosa que as aulas comecem!", ou ainda "Mas que chato você é!!". E não há mal, por quê? Porque não escolhemos o que sentimos, mas escolhemos o que fazemos. Lembremo-nos de que os sentimentos não têm moralidade e o importante é sabermos gerenciá-los e aceitá-los.

Também sei que a nossa calma e serenidade os inspira, tal como o inverso. Se temos que virar a equação de pernas para o ar para que depois ela dê certo, então devemos mesmo fazê-lo e começar pelas estratégias com eles, para depois, aí sim, tratarmos de nós! Esse é o motivo por que a semana do estágio vem antes da semana da maturidade.

3.2 A técnica do espelho

A técnica do espelho ou do reconhecimento consiste em espelhar exatamente o que o nosso filho mostra naquele momento. Parece simples, mas há alguns pontos em que é necessário termos atenção e que são muito comuns de acontecer.

Antes de corrigir ou direcionar (isto é, dizer que comportamento espera-se que ela tenha em uma determinada situação, e ajudá-la), é fundamental que a criança se sinta escutada.

Também é verdade que, quando uma criança insiste em não cooperar conosco, é muito possível que não se sinta escutada. Quando isso acontece, não se sente ligada a nós, não sente que conta.

Como funciona a técnica do espelho ou do reconhecimento?

a. **Escutar a sério** – sem avaliar, sem interpretar, sem salvar (ver o título "Salvar os sentimentos dos nossos filhos" adiante).

b. **Dar um nome aos sentimentos** – está zangado, triste, feliz, excitado, entusiasmado, com raiva... Esse é meio caminho andado para a criança se sentir levada em consideração e muito mais disponível para escutar você, porque se sente escutada.

c. **Pedir soluções, negociar, direcionar ou nada** – só depois de escutar a sério, dar nome ao que vê, é que você pode dar soluções, procurar consensos e negociações ou... não fazer nada, simplesmente. Algumas vezes bastará apenas acolher os sentimentos do seu filho. Experimente, confie em você e nele.

> Quando você lê sobre a técnica do espelho, é possível que lhe pareça que, a partir de agora, terá de concordar com os seus filhos em tudo e até ceder em coisas que acredita que não são para negociar. A verdade é que em momento algum lhe falo em ceder ou concordar. Esta técnica acolhe e aceita os sentimentos e desejos dos seus filhos sem, no entanto, ter que dar-lhes aquilo que pedem. E isso é muito diferente.

A minha sugestão é que você releia o texto anterior e observe os exemplos que seguem.

3.3 Salvar os sentimentos dos nossos filhos

É nossa função como pais salvarmos os nossos filhos e ajudá-los sempre que necessário. No entanto, a hiperproteção não ajuda ninguém. Compartilho com você uma situação que vivi com a minha filha e que ilustra bem o que quero lhe explicar.

Fui buscá-la na escola e a novidade do dia tinha a ver com as figurinhas que tinha conseguido trocar. Pediu-me para segurar o envelope onde as guardava, enquanto vestia o casaco.

Entramos no carro, indo para casa, e a conversa foi em torno do dia, do semáforo que não abre, do que tinha feito no recreio.

Ao chegar em casa, ela tira o cinto, lança-se na direção do banco da frente, agarra o saco e diz:

— *Onde está o meu envelope das figurinhas?*

— *Não sei, filha.*

Opa! Onde está o envelope? Puxamos pela memória: a última a tê-los tinha sido eu, enquanto ela vestia o casaco.

— *Pode ser que estejam lá amanhã...*

Mas ela diz logo:

— *Não! Eu vim com eles no caminho até ao carro.*

— *Ah, não... vai ver caíram no chão quando você entrou.*

Silêncio e choro. Um choro doído como acho que nunca ouvira até então. Um choro que me fez sofrer também por vê-la sofrer.

Deixei-a chorar e disse-lhe que sabia o quanto aquela coleção era importante para ela.

— *Você gosta muito mesmo da Elsa [uma das personagens do filme Frozen], não é? E tinha tantas figurinhas para trocar, não é?*

E ela acenava com a cabeça e continuava a chorar.

Poderia ter-lhe dito que não fazia mal e que trataria de providenciar mais figurinhas. Até poderia ter dito "Bom, você não perdeu nenhuma das que não tinha nem perdeu o álbum, o que é um alívio!". Mas não disse. Dizer-lhe isso seria "salvá-la" de uma situação com grande importância para ela, mas que também era uma excelente oportunidade para trabalhar a resiliência e a gestão emocional. Ao salvá-la, iria também estar salvando-me, porque não convivo bem com a tristeza da minha filha quando, na verdade, isso nada tem a ver com a minha história, mas sim com a dela.

Talvez você se pergunte como consegui fazê-lo. Primeiro, porque penso nisso em todos os momentos. Depois, porque trabalho na área. Finalmente, porque calhou. Já deixei passar outras situações, seja porque não pensei, seja porque não me lembrei. Esta não deixei.

Durou cerca de dois minutos até ela se acalmar, se afastar e se dirigir para a porta da garagem. Estava digerindo a situação sozinha, organizando os pensamentos e sentimentos.

Pedi que esperasse por mim, iria só tirar o casaco do banco do passageiro. Abri a porta. E de lá caiu no chão um envelope cheio de figurinhas. Confesso que o meu coração ficou mais leve, chamei-a pelo nome e acenei com eles. Ah, o brilhinho nos seus olhos...

Ali concluí que fizera bem em não tê-la "salvado"! Os pequenos momentos são grandes momentos!

3.4 As dez situações que nos deixam à beira de um ataque de nervos

Escolhi dez grandes exemplos de situações que podemos aprender a praticar e que são comuns na vida da maior parte das famílias com quem trabalho. Estas são linhas orientadoras. Quero que você saiba que nenhuma delas resultará como deve ser se a relação com o seu filho não tiver um vínculo forte. Por isso, continue a praticar tudo o que vimos na semana 2 e adicione este capítulo.

Vai acontecer magia!

1. Quando os nossos filhos não nos escutam

Tenho dois filhos: uma menina de três anos e um menino de oito. Parece que os dois sofrem da mesma doença – não me ouvem.

Tento falar com calma, combinamos as coisas no carro a caminho de casa – o que é que cada um vai fazer e como vai fazê-lo, mas, ao chegarem, deixam tudo e vão brincar ou vão para a frente da televisão. Peço-lhes que tirem os sapatos, que ele vá fazer os trabalhos de casa e que depois tomem banho. Fingem que não me ouvem. Parece que só me ouvem quando lhes dou dois berros. O meu marido se irrita comigo, mas ele só consegue que o escutem quando os ameaça com uma palmada. E isso é algo que não quero fazer. Mas estou tão cansada...!

Há momentos em que sentimos que, quando não nos escutam, é uma tremenda falta de respeito. Não só pelo esforço e dedicação que colocamos nas tarefas que fazemos para e pelos nossos filhos como também por não quererem cooperar em casa. Afinal, fazemos todos parte da mesma tribo. É ou não é? Depois há sempre aquela questão que nos sussurra aos ouvidos: será que estou fazendo dos meus filhos crianças mal-educadas, mimadas e que não dão valor a nada?

Se é verdade que somos seres comunicantes, também é verdade que nos comunicamos muito mal uns com os outros. Quantas vezes gritamos da cozinha para que as crianças venham comer? Quantas vezes dizemos "Não voltarei a repetir. Volte a fazer isso e irá para o castigo!", "João Maria, já lhe disse que se voltar a fazer isso vai para o castigo", "João Maria, já falei. Quer ver a mãe se zangar com você?".

Você percebe as vezes em que ameaçou e não fez nada? Percebe como se tira o valor do que se disse?

Então, vamos olhar para a situação que nos descreve e ver como podemos fazer melhor da próxima vez.

a) Tabela das tarefas

A tabela das tarefas é uma espécie de *checklist* – feita por eles, e que expõe inequivocamente o que a criança tem que fazer nas rotinas da manhã e do final do dia. Retira dos pais o papel de chatos e dos que estão sempre mandando (mas que ninguém escuta).

Por que funciona?

Controle

Já ouvimos falar da importância das rotinas, da segurança que dão e da grande necessidade que as crianças têm de lidar com a previsibilidade e de controlar algumas das coisas nas suas vidas. É o que esta tabela lhes dá. Por outro lado, as rotinas acabam com a maior parte dos jogos de poder e, aos poucos, vão acabando com as situações em que há maior conflito, como a hora do banho ou de fazer os trabalhos de casa.

Ritmo

"Quando você tiver feito os trabalhos de casa, então pode ir jogar um pouco no computador."

"Hoje é o seu dia de colocar a mesa. Quando isso estiver feito, então pode ver um pouco de TV antes do jantar."

Uma vez que as tarefas e as rotinas estão bem estabelecidas, a decisão é da criança. Se ela não for jogar um pouco no computador é porque ainda não completou a sua tarefa, e não porque a mãe/o pai a impediram.

> ### Tabela das tarefas
>
> A tabela das tarefas é uma espécie de *checklist* das crianças. É feita por elas e você apenas dá uma ajuda (quando fizer o registro na *newsletter*, terá acesso a uma página com muitas ideias para uma tabela das tarefas).
>
> Por quê? Porque a tabela é deles e eles têm que se apropriar dela. Não precisa ser bonita, mas tem que ser feita pelos seus filhos.
>
> Há quem use fotos da internet para se referir às diferentes atividades e tarefas. Há quem compre tabelas que são vendidas no mercado para esse fim e que são muito bonitas e coloridas. Você também pode usar as fotos dos seus filhos fazendo essas atividades. Primeiro, porque eles sentirão que a tarefa é, realmente, deles, como expliquei. Em segundo lugar, porque as crianças adoram ver-se – têm um lado narcisista muito grande.
>
> Use uma cartolina (escolhida por eles), tire fotos deles ao acordarem, ao tomarem o café da manhã, ao escovarem os dentes etc. Pode até ter duas tabelas – uma para as rotinas da manhã e outra para as da tarde. Finalmente, inaugurem a tabela.
>
> Pode dizer-lhes que você decidiu que deixará de chateá-los e de dar ordens, porque entende que já são capazes de fazer uma série de coisas sozinhos. *Et c'est parti!*
>
> Quando acordarem, diga-lhes que agora quem manda são eles e que vão orientar-se pela tabela. Você vai ver um enorme entusiasmo da parte deles. Caso se distraiam, por favor, use o senso de humor: "João Maria, acho que ver TV não estava incluído na tarefa, ou estava e eu não vi? O que diz agora a tabela?".

Dê-lhes *feedback*:

— Puxa, João Maria, você está tão independente! Você já viu que ainda não são 7h30 e você já está terminando de tomar o café? E o que vem a seguir?

— Hoje você fez tudo que estava na tabela, mas amanhã precisamos sair 20 minutos mais cedo que hoje de manhã porque já estávamos atrasados. Como você pode ajudar?

Sim, é verdade, as crianças gostam de ser levadas em consideração e por isso não há mal nenhum em pedir a opinião delas. Se for válida e boa, ainda bem que você perguntou!

A tabela das tarefas não avalia, não dá recompensas nem prêmios. É uma espécie de *checklist*, e o melhor prêmio que pode lhes dar é mesmo a possibilidade de fazerem isso tudo sozinhos – a felicidade em conquistarem algo por eles. Isso, sim, é uma grande satisfação. Nem pense em recompensas, porque estará retirando deles o prazer que a autorrealização lhes dá!

b) Vá para perto dos seus filhos e diga-lhes o que quer

Se você não quer gritar nem quer que os seus filhos gritem, terá que ir até eles para falar normalmente. Fazendo as contas, perde muito menos tempo, muito menos energia e tudo se torna muito mais simples.

Como funciona?

Quer que os seus filhos se vistam? Quer que os seus filhos venham para a mesa jantar? Então vá até eles. Vá mesmo. Antes de pedir-lhes o que quer que seja, e se tiver essa oportunidade (na maior parte das vezes você até tem), diga-lhes:

"Maltinha, o que estão fazendo? João Maria, você está colorindo esse livro de animais? Uma zebra pintada de laranja? E você, continua na massa de modelar? O que está construindo desta vez? Uma piscina? Bom, daqui a cinco minutos vamos para o banho. Vou preparar as coisas e já venho aqui com vocês, e depois vamos todos. Cinco minutos!".

Quando voltar (sim, irá até lá de novo), pode dizer que depois eles podem continuar e terminar o que estão fazendo. Se mesmo assim não quiserem, pegue-os no colo e leve-os – organize-se da melhor forma para fazer o que tem que ser feito. Pode usar a competição, a brincadeira ou o silêncio (sem fazer cara de mau/má). É natural que prefiram ficar brincando a tomar banho – é frequente nas crianças pequenas. É isto que deverá dizer a eles quando fizer a técnica do espelho:

"Sei que você adora construir piscinas e bonecos com a sua massa de modelar. Se essa massa fosse à prova d'água, até seria capaz de levá-la para a banheira. Como não é, não posso. Conte-me, o que você gosta também de fazer com a massa? Foi ontem ou anteontem que você fez aquele boneco de cabelos verdes? Vamos lá, me dê a mão e me conte como é que você se lembrou do verde para o cabelo".

c) Peça feedback

— João Maria e Manuel Maria, onde é que vamos daqui a cinco minutos?
— Para o banho, mãe!
— Então venho já!

Peça-lhes que repitam o que entenderam. Por quê? Porque ao repetirem estão fazendo uso de funções cerebrais que não só nos indicarão que perceberam o que lhes disse como também ajudarão a memorizar.

d) Lide com a recusa

A técnica do espelho não é uma técnica de manipulação, e nem sempre eles irão fazer tudo aquilo que você deseja ou precisa. É antes uma ferramenta de escuta verdadeira e de aceitação.

e) Vínculo, vínculo, vínculo

Você se lembra do que leu para a semana anterior? É isso mesmo! Ninguém coopera com ninguém se não se sentir "linkado". Por isso reveja a semana 2, inspire-se e siga adiante para criar uma relação mais positiva, mais feliz e com significado ainda maior. No final, todos agradecem, e essa suposta dificuldade em escutar começa a desaparecer. Quer apostar?

2. Quando nos respondem torto

O meu filho é um amor, mas de vez em quando tem atitudes que me deixam muito triste e zangada. Responde torto, não faz o que se espera que faça... Ele tem quase dez anos e nós não sabemos onde é que ele foi buscar essa forma de estar, porque acho que nós, aqui em casa, não somos assim. Por vezes há imensa raiva no seu tom e não sei o que fazer. Já lhe disse que não pode continuar a fazer o que faz, nem da forma como o faz, mas parece que ele fica pior.

A maneira como nos comunicamos uns com os outros pode tão simplesmente desacelerar ou acelerar um conflito. Como você sabe, nenhuma relação está isenta de conflito, e eles continuarão a surgir. Porém, a forma como nos comunicamos uns com os outros pode decidir se essas situações vão se repetir muito mais vezes, de forma mais intensa ou não.

Quando, mais uma vez, repetimos frases como:

"João Maria, você é sempre o mesmo, rapaz! O que tenho que fazer para você compreender que quando lhe chamo para jantar é para vir jantar?"

É possível que:

O seu filho queira defender-se e arranje justificações.

O seu filho lhe agrida porque se sentiu agredido e resmungue com você ou responda torto e agressivamente.

O seu filho ignore o que você está dizendo porque é, mais uma vez, "a repetição da mesma coisa".

O que fazer então?

a) Fale sobre você! Aprenda a se comunicar melhor e a usar um estilo de linguagem não agressiva

Por quê? Porque, quando as pessoas não se sentem agredidas, não têm necessidade de agredir nem de se defenderem. Então, estarão muito mais disponíveis para cooperar.

"Sabe, João Maria, eu me sinto desrespeitada quando chamo e você não responde. Da próxima vez que lhe chamar, é importante que você possa me responder..."

Esse exemplo pode parecer rebuscado à primeira vista, e isso porque não estamos habituados a nos comunicar dessa forma. Você vai começar a treinar, combinado? Quando você fala na primeira pessoa, seu filho percebe que tem o poder de usar outro tipo de comportamento e compreenderá que a escolha dos seus comportamentos tem impacto nos demais. Pois é: comportamento gera comportamento e amor com amor se paga! Vá anotando essas pérolas do pensamento popular, porque você vai começar a sentir que são mesmo verdade!

Essa é uma ferramenta excelente para você usar em situações de estresse e de discussões, com o claro objetivo de acalmar.

Quando usar essa estratégia, recorde-se de que ela está dividida em três pontos:

— Descrição do que eu sinto: Eu me sinto zangado(a), triste, desrespeitado(a), chateado(a), aborrecido(a), feliz, entusiasmado(a)...

— Descrição do que acontece, sem juízo de valor: Quando você não responde, atira algo no chão, bate no seu irmão, responde nesse tom, ignora o que lhe digo...

— Descrição exata da minha necessidade: Gostaria que você falasse naquele tom de voz, olhasse para mim quando lhe falo, respondesse, respirasse fundo...

Ao usar a linguagem do "eu" (que é poderosíssima, por isso treine, treine, treine!), ensinará os seus filhos a fazerem igual. Que maravilha!

b) Escolha não responder e não entrar no conflito
Quando o seu filho lhe falta ao respeito, você deve usar a estratégia mencionada anteriormente e falar do que sente e como se sente. No entanto, caso ele mostre que continua com dificuldade em melhorar o seu comportamento, você não tem que continuar a lidar com essa situação. Desse modo, retire-se da situação, sem ficar amuado e tendo um profundo respeito por si.

Como? Dizendo: "Aqui em casa nos respeitamos. Quando você me falar torto e de forma agressiva, quero que saiba que escolho não responder. Quando você estiver mais calmo e sentir que consegue manter uma conversa serena, então terei todo o prazer em continuar a conversar com você".

E vá embora. Não responda. Saia.

Quando você decide continuar a conversa, só está criando pontes para que o conflito continue, e não é isso que deseja, não é?

Essa estratégia funciona quando você trabalha a retaguarda, como já vimos na semana 2. Volte a essa semana para relembrar como se cria uma relação mais positiva e com maior significado.

3. Quando não querem cooperar

Lá em casa sempre preciso pedir ajuda para tudo. Os meus filhos não põem a mesa por livre iniciativa nem nos ajudam a levar as sacolas para cima. Não quero dizer que façamos tudo por eles – porque não fazemos –, mas acho que esta geração de crianças está tão mal habituadinha...

Para além da tabela das tarefas, para além de trabalhar a forma como se comunica com os seus filhos e para além de criar, todos os dias, melhores oportunidades para terem uma relação mais positiva, é muito importante que você se lembre de que as agendas das crianças são diferentes das suas. Elas não estão "nem aí" para quem põe a mesa ou leva as sacolas. Estão desconectadas da sua realidade e não é por mal. No entanto, com uma ajuda chegam lá, e você lhes dará essa ajuda. Como? Convidando-os a cooperar! Quando fazemos isso, estamos lhes dando poder. Por isso é muito importante que você possa escolher tarefas adequadas às suas idades e capacidades.

Como fazer e o que dizer?

Respire fundo, coloque a sua voz mais gentil (por favor, comece a treinar – sim senhor, tudo se treina!) e decore o estilo de frases como as seguintes:

"Toda a ajuda que tiver para terminar de arrumar a cozinha e ir sentar-me com vocês para jogar é bem-vinda!"

"A sua mãe/O seu pai está chegando do supermercado e toda a ajuda que tivermos para arrumar as compras é bem-vinda."

"Estou ficando um pouco nervoso(a) porque a hora de sair de casa está chegando e vocês ainda não escovaram os dentes nem lavaram o rosto. Se você puder ajudar a mãe/o pai, isso será uma enorme ajuda!"

"Está na hora de sairmos para a escola. Por favor, calcem os sapatos para não sairmos gritando e correndo como temos saído."

4. Quando não param de choramingar

O que me irrita e me faz gritar é o fato de o meu filho estar sempre, mas sempre, choramingando. Juro que tenho a impressão de que ele nem sabe falar – só choraminga. Fico de tal forma irritada que berro com ele. E isso piora as coisas, mas já não consigo ouvi-lo.

Se há uma coisa que irrita a maior parte dos pais que conheço e com quem trabalho é a choramingação. Há quem diga que é uma espécie de "tormento", e a descrição parece-me perfeita. Por isso, o plano que lhe apresento a seguir é ideal para acabar com essa situação em tempo recorde. Prometa-me que, neste caso, você seguirá as dicas tintim por tintim!

a) Dedique tempo exclusivo ao seu filho

Então, para começar a prevenir isso, você passará a lhe dar, todos os dias, tempo exclusivo. Mas, pense, não tenho tanto tempo assim... Você vai arranjar, todos os dias, entre 10 e 15 minutos com ele. Exclusivo... de preferência! Vai brincar com ele, dar-lhe atenção, falar ou só estar junto. Hoje pode fazer uma coisa, e amanhã outra. Do que o seu filho precisa é que você esteja, sem fingimentos, com ele.

Isso fará com que a primeira necessidade que ele tem – e para a qual não obtém resposta – seja respondida. Falo do sentimento de pertença e atenção. Você passará a dar resposta a isso sem que ele tenha que pedir. Um dia após outro.

b) Peça-lhe que fale em condições para que consiga ouvi-lo

Quando ele choraminga, é muito possível que você não consiga perceber tudo o que diz. Por outro lado, não é essa a forma que deseja que ele use para se comunicar com quem quer que seja. Então, peça-lhe, de forma calma e firme, que lhe diga isso em outro tom. Pode brincar e suavizar a situação, dizendo-lhe que gostaria que ele falasse isso cantando ou como se fosse a mãe/o pai a falar. Com isso ele perceberá que pode escolher a forma como fala. Se conseguir fazê-lo, agradeça!

c) Evite fazer-lhe favores

A maior parte das vezes em que ele choraminga é quando quer algo, e muitas vezes são coisas que já sabe fazer, como calçar os sapatos, comer a sopa ou chegar ao pedaço de pão que está logo à sua frente.

A minha sugestão é que você deixe que ele mostre que é capaz de fazer aquilo que já sabe e que foi capaz de fazer anteriormente.

"Vou deixar você calçar os sapatos sozinho porque sei que sabe fazer isso."

"Sabe o que mais? Você está ficando crescido e por isso vou deixá-lo comer a sopa sozinho."

Não fique olhando ou à espera. Continue a fazer as suas coisas – a jantar, a calçar os seus sapatos, o que for. Deixe-o lidar com a situação, sem dar grande importância.

A choramingação vai acabar? Sim, vai! Não de um momento para o outro, mas você perceberá que aos poucos ele passará a assumir um tom de voz menos irritante (sempre que não o fizer, lembre-o disso!), a fazer o que tem que fazer e a ser menos dependente da sua presença. Por quê? Porque o copo dos afetos também vai ficando mais cheio! Finalmente, perceberá que choramingar daquela forma não lhe traz vantagens e vai encontrar outras formas de se comunicar, que é, justamente, o que pretendemos: que os nossos filhos saibam comunicar bem as suas intenções, de forma clara e assertiva.

5. Quando nunca estão satisfeitos

Gosto cada vez menos de levar os meus filhos às compras comigo. Mas a verdade é que, quando vêm, tem mesmo que ser assim, porque não tenho onde deixá-los. Fico exausta antes de entrar lá, porque já me consumiram com "O que você vai me dar hoje? O pai da Margarida lhe dá um presente todos os dias, não é justo que não nos dê também. Ah, mãe, só uma coisa pequenininha, vá!".

E, quando dou, sabe o que é que ouço mais tarde ou no dia seguinte? Que a mãe nunca dá nada e que aquilo não era bem o que eles queriam.

Há momentos em que as crianças parecem insaciáveis, não é?

Pode parecer um paradoxo, mas a verdade é uma só: quanto mais têm, mais querem e menos valor dão ao que já têm, até ao esforço dos pais em dar. Mas não é paradoxo nenhum, é assim mesmo! Por quê? Porque, quando há muita coisa, não temos como apreciar todo o resto, porque há demasiada informação à nossa volta.

Quando temos o essencial, conseguimos olhar para o que é realmente importante.

Então, como fazemos para convencê-los de que já têm o suficiente?

Não sei se chegamos a convencê-los. O que falta, da nossa parte, talvez seja o seguinte: perceber se eles querem mesmo todas essas coisas ou se gostam muito daquilo que estão nos mostrando (ou pedindo) e querem apenas compartilhar conosco. É importante que possamos saber o que as crianças estão nos dizendo. É muito simples descobrirmos, se pararmos e nos interessarmos pelas coisas que nos dizem e mostram. Por vezes, basta nos sentarmos com eles para ver catálogos, pegar na embalagem daquele jogo no supermercado, ou, se for possível, deixá-los brincar um pouco com aquele brinquedo para que fiquem satisfeitos e passem a outra coisa. Na maior parte das vezes, não é preciso mesmo mais nada.

Quando, ainda assim, eles continuam a querer alguma coisa que não podemos lhes dar, é necessário dizer isso mesmo, tranquilamente.

"Sei que gostaria muito de levar isto, mas não vai ser possível. Agora precisamos ir."

Aos menores podemos dar a hipótese de "Vem pulando ou no colo da mãe", aos maiores dar uma tarefa ou apenas esticar a mão.

E, sim, têm o direito de ficar chateados por não terem o que querem, e nós não temos que salvá-los ou dar outras coisas em troca. É um processo deles.

Depois, e à retaguarda, lembre-se de trabalhar esses aspectos também em si mesmo(a), porque é você que dá o tema. Se deseja que deem valor às coisas, pergunte-se como é que você dá valor ao que tem.

É mesmo muito importante que possamos saber dar valor ao que realmente importa, como uma refeição bem-feita, o calor que está em casa, o fato de estarmos todos reunidos e bem. Reparamos que é mais fácil arrumar os brinquedos quando não há tantos à disposição, que as crianças, muitas vezes, preferem brinquedos básicos como as massas de modelar e os papéis para desenhar do que outros mais elaborados.

Finalmente, lembro a você do caderno da gratidão, sobre o qual lhe falei na primeira semana e que é um excelente instrumento, para toda a família, a fim de nos ajudar a colocar os acontecimentos em perspectiva e aprendermos a dar o real valor às coisas.

Devemos ensinar os nossos filhos a dar valor, promovendo isso mesmo em nossa casa por meio do caderno da gratidão.

6. Quando batem

Os meus filhos batem um no outro. O mais novo, que tem agora dois anos, também bate na escola. Em casa nunca levantamos sequer a mão a nenhum deles – talvez tenha sido esse o mal...

Já falei com eles, já gritei, claro, já repreendi, já castiguei, já ameacei, até já falei com jeitinho. Mas, mais cedo ou mais tarde, as coisas voltam a ser iguais.

Há idades em que o impulso da criança é tão grande que, quando não está contente ou quando está frustrada com alguma coisa, pode bater. Até chuta quando está agitada! Se esse comportamento não for trabalhado, então a criança continuará a ter dificuldade para se controlar e para explicar o que deseja e o que sente. É importante, por isso, refrearmos o comportamento, explicar-lhe que aquilo não se faz e mostrar-lhe, muitas vezes, o que se deve fazer. Em uma criança de dois anos isso é ainda mais verdadeiro. É fundamental que todos os adultos se responsabilizem e a ajudem a encontrar o comportamento mais adequado.

Quando a criança já é um pouco mais crescida e não está conseguindo fazê-lo, então podemos retirá-la do ambiente onde está e pedir-lhe que sossegue, dizendo-lhe que, quando se sentir capaz de vir brincar sem magoar, estaremos à sua espera. O pedido é feito de uma forma justa e equilibrada. Quando lhe damos tempo para se autocontrolar (com ou sem a nossa ajuda), estamos dando-lhe a certeza de que o nosso amor não foi abalado. Acolhemos os seus sentimentos e também a ajudamos a gerenciá-los. Não é a criança que tem de ser corrigida e sim o seu comportamento, o que só é possível quando ela está serena.

A diferença entre esse pedido e um castigo é apenas o tom da sua voz e a intenção com que você o faz. Lembre-se de que o castigo funciona em uma fase inicial, mas não previne comportamentos futuros nem ensina coisa alguma à criança, apenas que quem tem o poder são os adultos, que fazem uso dele para fazer a criança sofrer. Por outro lado, como você já sabe, ninguém coopera com ninguém se não se sentir ligado, e o castigo é uma das melhores formas de afastarmos a criança de nós.

Depois de impedir que as crianças batam, ensine-as a se comunicar:

"Então você queria o carrinho do seu irmão, não é? Então lhe diga: 'Pode me emprestar o seu carrinho, por favor?'".

É natural que você tenha que fazer isso muitas vezes, porque, quando eles são "levados" pelas emoções, é difícil conseguirem controlar-se. Tal como você, quando berra! É preciosa a sua ajuda para gerenciar essa situação, e, aos pouquinhos, tudo se torna mais simples, mais fácil e quase automático. Com o berrar é a mesma coisa. Por isso a sua autorregulação é determinante nessa questão.

Finalmente, e para além da situação do impulso, quando as crianças são pequenas, existe outro motivo muito importante por que a criança bate. Embora possa parecer exagerado, a verdade é que uma criança que bate é uma criança que tem medo. Medo de que lhe tirem para sempre o carrinho, medo de que gozem dela. Sente medo e sente-se ameaçada, ainda que possa não ser muito claro nem para ela nem para os outros à sua volta.

Então, o que fazer?

Dia após dia, você deve ter a oportunidade de criar para ela um ambiente longe da confusão e do caos. Zele para que a sua casa esteja livre de tralhas e tenha apenas o que é essencial para o crescimento seguro dos seus filhos. Brinquedos não quebrados, apropriados para o seu desenvolvimento e nunca em excesso. Aproveite para ser, com muita frequência, o seu brinquedo também.

Passe tempo de qualidade com os seus filhos e lhes dê atenção a sério, sem fingimentos.

Aproveite, também, fora das situações de conflito, para treinar e relembrar quais são os comportamentos adequados, usando histórias que inventa, situações que possam ter vivido. Inspire-se!

7. Socorro, tenho um adolescente em casa!

O meu filho de 15 anos não faz nada em casa, tornou-se insolente, responde-me, é mal-educado e esconde coisas de mim. Em pouquíssimo tempo estamos os dois aos gritos e estou desesperada. Sinto que o perdi, sinto que ele já não se interessa por mim. Não o conheço e estou em pânico.

Existe uma coisa que se chama pré-adolescência, que acontece às crianças a partir dos nove anos. A essa altura, os pais deixam de ser a última bolacha do pacote e elas começam a concordar com os amigos. Aos 12 anos, a sua vida social e os seus amigos adquirem uma importância muito grande nas suas vidas. Segundo eles, os pais passam a dizer bobagens. Cá entre nós, é muito provável que seja verdade. Aprendemos a lidar com a nossa posição de suplentes na sua vida e ninguém gosta de levar um fora.

Quer queiramos, quer não, a verdade é que todos os pais criam uma série de expectativas e é duro começarmos a tomar consciência de que os filhos não são nossos para sempre.

Deixamos de ser levados em consideração, o que pode ser custoso pra nós. Procuramos, assim, controlá-los, e eles se revoltam. Ameaçamos, exigimos e eles, porque sentem que essa forma de comunicar é repressiva, humilhante ou até agressiva, respondem na mesma moeda.

O que acontece?

Começam a afastar-se porque não querem dar o comando das suas vidas a ninguém.

Lembre-se sempre de que, sobretudo nessa idade, as crianças procuram ser independentes, autônomas. Querem mostrar que sabem fazer, que pensam pelas suas cabeças. Estão se encontrando, e, algumas vezes, esse encontro é doloroso para os pais, porque, para o fazerem, precisam se afastar ou ir contra eles.

E agora?

a. Antes de tudo, **aceite** que pode ser assim e respire. Faz parte do processo.

b. **Nunca prescinda do dia do filho único** – mesmo ele sendo filho único. Mais do que nunca, é fundamental que você faça atividades com ele! Lembre-se de que não se trata de ir comprar roupa, mas sim de passear e conhecer lugares da sua cidade, ir a um *show* ou participar de um *workshop* em conjunto. Uma vez por mês será o ideal.

c. Agora que está crescendo e tendo a sua vida, procure dar-lhe **15 minutos exclusivos do seu tempo**, duas a três vezes por semana. Faça disso um compromisso de honra. Esse tempo é você que dá, mas é dele. Pode simplesmente escutá-lo, de forma atenta, sem fazer grandes perguntas. Quanto mais souber escutar, mais ele vai querer lhe contar. E se ele não quiser esses 15 minutos? Não é negociável, é você que dá – e haverá dias em que você vai dar sem que ele se aperceba.

d. **Não confunda dar espaço com abandonar** – é verdade que as crianças querem espaço para elas e que nessa idade isso é fundamental. Porém, não significa que as abandonas. Imagine que os seus pais vêm visitá-los ou que recebem um casal amigo em casa. É bom que ele possa compartilhar esses momentos e que seja uma presença ativa – que fale e escute. Mais do que uma obrigação de fazer sala, a sua presença é querida pelos pais, porque estimam que o filho tem valor e a sua presença é importante. Faça-o sentir isso!

e. **Envolva o jovem na tomada de decisões** – ensine-o a respeitar o acordo. Como? "Então não tínhamos um acordo? Tínhamos decidido que só iria sair à noite caso tivesse concluído o projeto para a aula de Química. O que aconteceu?".

f. **Comunique-se na mesma onda que ele** – envie uma mensagem de texto de vez em quando com pedidos simples como "Venha logo, está na hora do jantar e seria útil se me desse uma mão!".

g. **Há coisas que não são negociáveis** – a presença deles no jantar é uma delas, porque, muito provavelmente, é o único momento que têm para estar juntos.

h. **Os castigos e as palmadas vão funcionar cada vez menos** – apenas criarão a revolta tão típica dessa idade. Prefira responsabilizá-los pelas suas decisões.

i. **Deixe-o errar sem ter necessidade de salvá-lo** – acolha os seus sentimentos e escute-o. Se tiver de direcioná-lo a seguir, ele estará mais disponível para lhe escutar.

j. **Escute mais** – você já leu isso há algumas páginas, mas volto a escrever para relembrar:

"Claro que escuto os meus filhos! Ainda ontem ela fez uma asneira e eu lhe expliquei com toda a calma o que se espera que aconteça, e ela prometeu que nunca mais iria repetir. Sabe o que aconteceu? Hoje de manhã fez igual".

Se essa é uma situação comum na sua vida, releia a frase e responda a esta questão: quem escutou quem?

k. **Tenha senso de humor** – é determinante para que os nossos filhos se sintam mais escutados e queiram estar por perto. Ninguém aguenta pessoas que estão sempre se queixando, resmungando e chamando a atenção.

l. **Aproxime-se mais!** – uma das primeiras mães de adolescentes com quem trabalhei me disse que procurava ligar-se à filha promovendo atividades. Estava sempre criando programas interessantes, mas recebia a sua resistência ou, muitas vezes, o total desinteresse. A energia gasta por essa mãe era enorme. Percebeu finalmente que era muito mais simples sentar-se com a filha para ver as séries de que ela mais gostava – e depois conversar pontualmente sobre elas – do que ficar inventando programas tipo catálogo. Isso prova que o que as crianças desejam, independentemente da idade, é serem aceitas pelos pais por aquilo que gostam e são. Eu diria até que todos nós gostamos.

8. O meu problema é o meu marido/a minha mulher!

Eu quero praticar a Parentalidade Positiva, mas ele diz que isso é conversa-fiada e há momentos em que não quer saber de conversa. Uma palmadinha no momento certo é que resolve!

É verdade que um dos motivos de maior tensão em casa, entre pais, é quando estes não estão alinhados. Pior: é quando discordam, de forma fundamental, em muitos pontos. Sobretudo na forma como educam os seus filhos.

Como então contornamos isso?

a) Descubra qual é o objetivo do outro educador

Ninguém quer falhar na educação dos seus filhos. Daí que utilizamos diferentes formas de chegar lá, tendo em conta quem somos, o tipo de educação que recebemos, quem desejamos ser e as expectativas que temos.

Se somos mais agressivos, é porque sabemos que essas formas podem funcionar. Só não funcionam no médio e no longo prazos, como já lhe expliquei. Também não promovem o respeito na relação e o igual valor entre pais e filhos. Real valor?, você pergunta. Sim, real valor. Sou a mãe/o pai do meu filho, sei algumas coisas a mais do que ele e a minha missão é educá-lo. Ele, enquanto pessoa, tem tanto valor quanto eu e, por isso mesmo, é merecedor do mesmo respeito que eu. Finalmente, muitos pais não se reveem nessa forma de educar e caem na exata oposição, que é permitir tudo, sem orientações nem limites. E os limites, como você sabe, são necessários para que a criança cresça em segurança emocional e física.

Assim, quando o seu marido/a sua mulher repreender o seu filho porque ele não quer estudar, por favor, reconheça o seu objetivo.

"Você está mesmo com receio de que ele volte a tirar nota ruim, não está?"
"Como podemos ajudá-lo a concentrar-se e a ter melhor aproveitamento?"
"Você está com receio de que esse rapaz seja má companhia, não está?"
"Do que precisa para sossegar?"

E também naquelas situações em que ele/ela tem dificuldade em ser firme, pergunte-lhe:

"Você não gosta mesmo de vê-lo triste nem chorando, não é? O que lhe faz fugir disso?"

"O que lhe impede de vestir o casaco no João mesmo quando ele está chorando e fugindo pela casa?"

b) Repare nas coisas boas

Você pode não acreditar, mas há sempre uma ou outra coisa que ele/ela faz bem. Tem é que estar atento e dizer-lhe. Porque, se você só aponta o que há de ruim, não pode esperar que o outro queira mudar ou aprender mais sobre Parentalidade Positiva. Vai estar concentrado(a) em explicar por que a sua forma é a melhor.

c) Não faça nada

Faça você – siga o seu caminho e faça como manda o seu coração.

d) Faça com que lhe cheguem informações das mais variadas formas

Há quem faça adesão ao desafio *Berre baixo!* na internet, participe de *workshops* em casal, compre livros sobre o assunto. Sem grande pressão, mencionando que você gostou de ler e que gostaria de compartilhar com ele/ela.

e) Escreva quais as suas intenções e os seus valores

Dizem que os americanos têm algumas coisas estranhas, mas reconheço seu valor por gostarem de fazer listinhas e *checklists*.

Pegue um caderno e escreva o que deseja ensinar ao seu filho.

Que seja generoso? Ensine a ele a alegria de compartilhar!

Que seja curioso? Leia livros, passeie com ele.

Que seja educado? Mostre-lhe como é ser educado com os outros.

Que seja assertivo? Ensine-o a falar sobre aquilo que ele sente.

Que se faça respeitar? Respeite-o e faça-se respeitar!

E por aí afora. E compartilhe isso com o seu/a sua companheiro(a).

9. O meu problema é a casa...

Fico louca com a desarrumação. Passo o sábado de manhã arrumando, organizando a semana, mas na segunda-feira à noite já está tudo de pernas para o ar. Sei que não deveria ter muita importância, mas repreendo e, quando dou por mim, já estou gritando!

Respire fundo, porque a verdade é que há inúmeras pessoas – mães e pais – para quem a ordem e a arrumação são fundamentais.

No fundo, há um pouco de razão nesse seu desejo. É muito difícil o nosso cérebro processar toda a informação que consideramos importante quando também tem que processar as 500 mochilas que estão à porta de casa, os nove pares de sapatos que também repousam ali e todos os brinquedos, caixas e almofadas que se instalaram no chão entre a sala e os quartos.

É verdade que, ao contrário do que a maior parte de nós deseja, arrumar é uma tarefa que não acaba nunca, mas também é verdade que, se isso é um assunto que mexe com você, então há estratégias que podem mudar a sua vida. Se você deseja mesmo melhorar esse ponto na sua vida, para ter mais tempo com os seus filhos, então, por favor, leve isso à risca.

Até lá, questione-se também sobre:

— O que você ganha enquanto escolhe arrumar a casa em vez de passar algum tempo de qualidade com os seus filhos?

— O que perde enquanto arruma?

— O que há de tão importante em manter a casa arrumada? O que ganha com isso?

Aqui estão algumas dicas para tudo se manter no lugar!

- Todos os dias de manhã defina uma parte da casa que irá arrumar nesse dia, e concentre-se nela durante 15 minutos. Use um *timer* para controlar o tempo. São 15 minutos e é apenas uma parte. Não tenha como objetivo arrumar todas as gavetas do seu armário. Comece por uma gaveta hoje, outra amanhã. A sensação de satisfação é muito maior, porque você começou e acabou uma coisa. Repito: uma única coisa, em 15 minutos. Quem diz isso é a FlyLady, e o sucesso desse sistema tem sido comprovado por muitas famílias.
- Se você pode fazer em dois minutos, então faça. Se pode arrumar esse pacote de chá no lugar, então arrume. Se pode guardar o casaco no armário já, então guarde. Se pode esvaziar um cesto de roupa em dois minutos, vá em frente. Lembre-se da regra dos dois minutos. Repita a regra até que ela seja automática.
- A FlyLady também incentiva os seus leitores a deixarem a pia da cozinha brilhando. E, porque as crianças gostam de participar em algumas tarefas, peça que o façam por você!
- Quando deixamos a pia brilhando, significa que a cozinha está arrumada, limpa e a última coisa é mesmo esse ponto. Convide-os a terem a honra de encerrar o processo.

- Vá ao banheiro, guarde todos os produtos dos quais não precisa. Passe um pano nas superfícies, guarde as toalhas e as roupas sujas nos cestos respectivos. Você pode fazer tudo isso em menos de oito minutos, todos os dias. Não acredita? Use um *timer* para ver.
- Faça a cama todos os dias e, logo que os seus filhos tenham idade, mostre-lhes como se faz. Faça com eles em uma primeira fase! Esse é o primeiro passo para que comecem a cuidar do que é deles. Hoje é a cama, depois serão as roupas e a seguir os cadernos, a mesada e tudo o que lhes pertence. Na verdade, ensinam-se as grandes coisas nos pequenos momentos. Voltando à cama, quando temos a cama feita, a casa ganha imediatamente mais ordem e nos dá a informação de que o descanso acabou. E deitar em uma cama bem-feita é um verdadeiro prazer.
- Vá ao espaço dos brinquedos dos seus filhos e peça-lhes ajuda. Peça-lhes que escolham os brinquedos com os quais querem brincar naquela semana. Pode lhes dar um número ou não. Guardem todo o resto. Troque na semana seguinte. Acredite que essa é uma medida poderosa e boa para todos – eles focarão naqueles brinquedos de que realmente gostam, irão explorá-los inúmeras vezes, e os brinquedos servirão ao seu propósito. Depois, no final do dia, mostre-lhes como é que se arruma. Peça que o façam com você, todos os dias. Como será mais rápido e tudo ficará em ordem, deixará de ser tão difícil.
- No quadro das tarefas inclua também algumas dessas tarefas domésticas.
- Dê-lhes a possibilidade de organizarem o jantar – definam o cardápio juntos, mostre-lhes como se faz, onde estão os produtos. Depois de usar o arroz, o pacote é logo arrumado, e, uma vez que a tábua de cortar os alimentos já não seja necessária, pode ir para a pia a fim de ser lavada. Ajude-os a viverem a arrumação, a organizarem o espaço e o método. Quanto mais viverem, mais facilmente repetirão os comportamentos. Todos cooperam na casa onde todos vivem!
- Reduza! Marie Kondo, que é uma especialista em arrumação, diz, cheia de razão, que apenas devemos guardar aquilo que nos faz felizes. Ainda que à primeira vista isso possa parecer um pouco esotérico, a verdade é que ela está cheia de razão. Não precisamos de muita roupa, apenas daquela que, ao toque ou ao espelho, nos faça sentir bonitos, confiantes e confortáveis. Não precisamos de muitas sacolas, apenas daquelas que nos ajudem a transportar o que realmente precisamos. Não precisamos de muitas canetas, nem de livros, nem de coisa nenhuma. Apenas precisamos

do que nos faz feliz, sem desejarmos mais do mesmo. Esse pensamento é profundamente libertador.

- Pare. Sim, pare – todos os pontos anteriores têm como objetivo não apenas lhe ensinar a organizar um pouco as dinâmicas domésticas mas também fazer com que você passe tempo com a sua família e consigo mesmo. Se você não para, então terá que perguntar-se o que faz para impedir-se de fazê-lo...

"Pouco e muitas vezes tem mais impacto e duração que muito uma só vez."
Sabedoria popular

10. No meu caso são as crianças que se dão mal

Os meus filhos se dão mal, brigam e estão sempre se queixando uns dos outros. Quando começo a ouvi-los, fico desnorteada, já não suporto isso e, claro, coloco mais lenha na fogueira! Venho gritando do quarto até a sala, ameaço e castigo. E não adianta nada. Estou perdida e não sei se devo me meter ou não.

Muitos pais me dizem que uma das coisas que mais desgastam a vida familiar é o fato de as crianças não se darem bem e andarem sempre brigando.

O conflito é algo natural e comum, e, se os seus filhos estão conseguindo resolvê-lo sem que você interfira, então está ótimo. As crianças precisam aprender a expressar-se e a comunicar as suas necessidades, vontades e desejos. Um irmão serve para isso e também para que aprendam a escutar o outro, a ser empáticos e a regular as emoções. Por outro lado, lembre-se de que os maiores rivais dos nossos filhos serão os irmãos. Por isso, é normal que essas situações aconteçam.

A nossa intervenção deve acontecer quando o que mencionei não está sendo simples e fácil e as emoções negativas estão levando vantagem, colocando a segurança (física e também emocional) em dúvida.

O que fazer nesses momentos?

Aproxime-se, escute e olhe.

Se não puder dizer "Resolvam sozinhos" e precisar dar uma ajuda, não pergunte quem começou o quê. Pergunte "O que se passa?".

Escute as duas partes. Veja o exemplo seguinte:

Mãe: — O que aconteceu?

Joana: — O Manel é sempre o mesmo. Estragou o meu desenho que estava fazendo para a aula de Inglês e agora já não posso fazer mais nenhum porque não tenho mais folhas.

Mãe: — Manel, a Joana está dizendo que você estragou o desenho que ela estava fazendo para a aula de Inglês. Foi assim?

Manuel: — Não, eu não queria estragar, não fiz de propósito, mas depois ela me chamou de burro.

Joana: — Sim, chamei, mas você também disse que eu me queixo muito e não é nada disso.

Mãe: — Estou vendo que os dois estão muito irritados um com o outro. Manel, você disse que não queria ter feito de propósito. Entendi bem?

Manuel: — Sim, mas ela também não tinha o direito de me chamar de burro.

Mãe: — Estou vendo que você ficou ofendido... E sabe por que a sua irmã lhe chamou disso?

Manuel (pensativo): — Não!

Mãe: — Humm... e se soubesse?

Manuel: — Porque ficou chateada comigo...

Mãe: — Foi isso, Joana?

Joana: — Sim, foi isso, mãe!

Manuel: — Mas eu não fiz de propósito!... Desculpe, Joana, também não precisa ficar chateada!

Joana: — Mas estou!

Manuel: — Desculpe...

Joana: — E agora, o que vou fazer? Já não tenho mais folhas...

Manuel: — Você desculpa?

Joana: — Sim, desculpo, mas que não volte a acontecer!

Manuel: — Não volta! Prometo!

Mãe: — Está resolvido?

Joana e Manuel: — Sim!

Mãe: — Então vamos ver de que forma podemos ajudar a Joana com o trabalho dela! Todos pensando!!

ESTÁGIO

Semana 3: o estágio

Esta semana é você quem vai anotar, com base no que foi lendo nesta parte e nos seus pensamentos, o que é importante lembrar.

Tome nota:

_____

_____

_____

_____

_____

_____

_____

_____

_____

Lembre-se do seguinte:

_____

_____

_____

_____

_____

_____

_____

_____

_____

_____

SESSÃO DE COACHING

SEMANA 3

Quais pontos você vai desenvolver esta semana?

O que você reteve de mais importante nesta semana?

Do que decidiu implementar esta semana, em que você precisa de mais apoio e ajuda? Com quem pode contar?

_____

_____

_____

_____

_____

_____

_____

_____

_____

_____

Desses pontos, quais são os que demandam mais esforço e sacrifício? O que você ganha é superior ao que perde?

_____

_____

_____

_____

_____

_____

_____

_____

_____

_____

No quadro da página seguinte, anote os comportamentos mais difíceis do seu filho, aquilo que pode estar na origem deles e a forma como costuma reagir.

Na última coluna, anote a forma como gostaria de fazê-lo a partir de agora e o que já aprendeu sobre cada uma dessas situações.

O que vai escrever na segunda coluna não tem qualquer moralidade. É apenas o que você sente, e, como sabe, não escolhemos o que sentimos. No entanto, quando tomamos consciência disso, estamos a poucos passos de fazermos gestão emocional, de iniciarmos o autocontrole. Consequentemente, inspiramos os nossos filhos a fazerem o mesmo, em outros momentos.

BERRE BAIXO!

Descrição do comportamento inadequado	O que você sente neste momento? O que você realmente deseja fazer?	O que pode estar na origem desse comportamento? O que pode tê-lo provocado?	Como é que você reage normalmente? O que diz? O que faz? Como é o seu tom de voz e o que mostra o seu rosto?	O que gostaria de fazer da próxima vez? O que você já aprendeu sobre essa situação e quer recordar? (Lembre-se de se conectar antes e só depois direcionar para o comportamento correto.)
1.				
2.				
3.				
4.				

(4ª SEMANA)

MATURIDADE

"São necessários três fatores para a parentalidade funcionar: um ser dependente que precisa de cuidados, um adulto preparado para assumir essa responsabilidade e um bom vínculo entre a criança e o adulto. Julgamos que basta a necessidade que a criança tem de ser cuidada e a nossa vontade de cuidar dela; e ficamos ofendidos quando as crianças parecem resistir à educação."

Gordon Neufeld

Você acabou de entrar na semana 4 deste desafio e deixa para trás 21 dias em que procurou ser melhor, em que investiu em si mesmo, nos seus filhos e na sua relação.

Obrigada por ter aceitado este desafio e pelo compromisso que assumiu de tomar conta de você e da sua família. Fico mesmo muito feliz por lhe acompanhar!

Finalizado o desafio dos 21 dias, vamos a mais uma semana!

4.

4.1 Encontre o seu lugar como mãe/pai

"Ninguém muda."
Dr. House

Se você está lendo este livro desde o início, provavelmente já se apercebeu de que nunca lhe peço para mudar.

Quando aprendi a fazer *coaching*, aprendi que as pessoas, supostamente, iriam querer mudar. No entanto, depois de ter começado a trabalhar, percebi que essa é uma ideia falsa. Quase ninguém quer mudar. Todos queremos ser aceitos como somos. No máximo, aceitamos ser melhores.

Na verdade, quando proponho a alguém que mude é como se estivesse lhe dizendo que o que essa pessoa tem, ou é, não tem valor algum, que não presta para nada. Isso é profundamente injusto e até incapacitante. Por outro lado, dependendo da situação e até das perspectivas, a verdade é que o que pode ser ruim para uns pode ser aquilo que outra pessoa deseja.

Descubra qual é a sua missão como mãe/pai do seu filho.

Esta última semana chama-se a "semana da maturidade" e pede que você saiba qual é o seu lugar como mãe/pai. Se é verdade que de vez em quando também temos as nossas birras, também é verdade que o adulto da relação somos nós. É fundamental que as crianças saibam que estão sendo educadas por pais que sabem o que estão fazendo e que sabem controlar-se.

Lembro a você a primeira regra da Parentalidade Positiva, que, como sabe, diz:

Pais felizes = filhos felizes

Jada Smith, que é a esposa do conhecido ator Will Smith, define a maturidade parental de uma forma extraordinária. Diz que ser mãe é um grande paradoxo. Um paradoxo é quando dois contrários são verdade. Diz que ser mãe é procurar um equilíbrio em que seja possível ser pessoa, ter os seus desejos e ambições e, ao mesmo tempo, estar disponível para ajudar os filhos e o marido a atingirem os seus. É querer ter a liberdade para fazer o que deseja conciliando essa liberdade com os seus deveres enquanto mãe, esposa e pessoa. E isso é muito difícil e exigente.

Cuidar de nós mesmos é uma das coisas mais importantes que podemos fazer, porque quando nos esquecemos de cuidar de nós perdemos o tal equilíbrio e nos esquecemos de como é cuidar dos outros. Como podemos cuidar e escutar os outros — principalmente os nossos filhos — quando não conseguimos nos escutar?

Corremos o sério risco de nos tornarmos amargos e injustos quando dizemos que deixamos de fazer A ou fizemos B por causa dos filhos ou do marido/da mulher. Não temos o direito de passar essa responsabilidade aos outros, quando a decisão é nossa. A verdade é uma só: quando chegamos a esse ponto, deixamos de saber como é cuidar da nossa felicidade. Pense nisso com carinho e olhe de frente para a sua realidade. Junte-se a quem lhe quer bem e comece a tratar de se colocar em equilíbrio.

Você pode começar por muitos lados, mas lembre-se sempre de ser verdadeiro(a) consigo. Ao contrário do que possam fazer você acreditar, não há mães nem pais perfeitos, e todos temos um potencial enorme para melhorar. Se você assinou a *newsletter* que acompanha este livro, e se já chegou à semana 4, sabe que uma coisa essencial para mim é passar tempo comigo, sozinha. Seja de manhã — porque faço questão de ser a primeira a acordar —, seja à noite, quando estou preparando o dia seguinte e me concentro no que estou fazendo. Passo tempo comigo quando guardo o celular na bolsa e dirijo em silêncio, ou quando preparo, sem distrações, o meu almoço. Não preciso parar para meditar.

Quando estou, então estou, sem fingimentos. Por inteiro. Há alguns anos acreditava que estar ocupada e ter muito a fazer faziam de mim uma pessoa melhor. Hoje, olho para aqueles que dizem que nunca têm tempo com alguma compaixão, porque são mártires das suas vidas. Não percebem que estão ignorando coisas tão importantes e boas como as relações humanas, e que é muito bom ter tempo para apreciar as pequenas coisas.

Supostamente, devemos ser supermães e superpais. Ter filhos limpinhos, bem-comportados, não nos queixarmos de que não dormem à noite – porque faz parte –, não nos queixarmos de que não nos ouvem nem pela quinta vez – parece que são todos assim... Se nessa equação tivermos tempo para nós, somos uns sortudos. Criar oportunidades para sairmos, para termos uma atividade parece, para alguns, ser um luxo ou uma modernice. A verdade é uma só: se não tenho tempo para mim, se não me ponho à frente, mais cedo ou mais tarde o acúmulo do cansaço e das frustrações acabará por fazer estragos.

Devo a mim e também aos meus filhos a obrigação de arranjar tempo para fazer algo para mim e por mim. Sem sentimentos de culpa. E, se eles estiverem presentes, farei um esforço consciente para colocá-los em um canto. Os sentimentos de culpa, evidentemente!

A verdade é uma só: não vamos mudar os nossos filhos, vamos nos melhorar. Como você sabe, é assustador pedirmos a alguém que mude – além de parecer uma tarefa muito difícil e quase impossível, dá a sensação de que o que temos dentro de nós não tem qualquer valor... quando não é nada disso. É possível sermos um bocadinho melhores, todos os dias da nossa vida.

Como vamos fazer essa transformação?

Você vai se preparar para ela, naturalmente. Se está lendo o livro todo, do início ao fim, para só depois começar o desafio, então faça as quatro semanas focado(a) nos desafios que lhe são lançados, respondendo de forma séria às questões na área do *coaching*, anotando os seus progressos e compartilhando--os – assim como as suas frustrações – com os amigos que chamou para perto de você. Anote o que acontece, tome consciência do seu investimento – em termos de tempo e também relativamente à forma como se entrega quando está, de fato, focado(a). Depende de você se esta é uma experiência extraordinária ou algo sem registro.

O segundo passo é aceitar os seus filhos e a sua natureza. É verdade que já falamos sobre isso, mas nunca é demais recordar que é justamente quando aceitamos a natureza dos nossos filhos que eles se sentem seguros para se transformarem e melhorarem. Treine a sua paciência e autocontrole, e até o senso de humor, para saber lidar com os momentos em que eles:

- Choramingam.
- Batem um no outro.
- Estão sempre se queixando.
- Nunca estão contentes.
- Respondem torto.
  (E por aí afora!)

4.2 O senso de humor é um grande aliado!

Educar uma criança é um assunto muito sério, e compreendo se você não achar que é uma grande piada o fato de agora eu dizer que o senso de humor é chamado para cá também. A verdade é que a tensão é muito menor e é muito mais divertido quando você usa o senso de humor para lidar com aquelas situações menos agradáveis. Por outro lado, aposto que quando resolve as coisas dessa forma você se sente mais leve e feliz do que quando resolve com palmadas ou gritos.

> Há alguns anos, a minha filha tinha por hábito dizer, de uma forma muito mandona, "Paaaaaaraaaaaa", quando algo a irritava. Dizia-o em qualquer momento e local.
>
> Um dia, quando fui buscá-la no jardim de infância e estávamos regressando para casa, a pé, com a mãe de uma amiguinha dela, ela me disse (não me recordo o porquê) o tal "Paaaaaaraaaaaa".
>
> Morri um pouquinho de vergonha. Nesse momento tive uma ideia, mesmo correndo o risco de me expor, mas, afinal de contas, a pessoa mais importante ali era a minha filha.
>
> Parei. Parei mesmo, como quando jogava o Stop na escola, lembra? A minha filha ficou me olhando muito séria, desconfiada. Fiquei assim uns bons dez segun-

dos, o que, nesse caso, me pareceu uma eternidade. Depois me disse, "Vem?", e eu simplesmente perguntei:

"Já posso me mexer?"

"Sim."

"Ufa!"

"Paaaara" (e eu parei).

E foi assim durante uma parte do trajeto. Tiramos a tensão da situação e, em casa, nos fartamos de rir enquanto contávamos ao pai. Não faço ideia do que a mãe da outra menina ficou pensando de mim.

Aconselho essa estratégia – a do senso de humor e de brincar – a todos os pais. Quando brincamos, ajudamos as crianças a não se levarem tão a sério e também a saberem decifrar se as situações têm mesmo assim tanta importância ou não.

É decisivo que você possa trabalhar sempre o vínculo. Mais uma vez, não lhe ofereço nenhuma novidade, mas este capítulo é aquele que junta tudo o que você foi lendo, fazendo e aprendendo ao longo destas semanas.

Finalmente, a estratégia que faz toda a diferença para conseguir passar por este desafio com distinção é se lembrar de dar um passo de cada vez. Esse é o grande segredo. Se você acha difícil passar um dia sem gritar, então divida o seu dia em pedaços:

Vou falar baixinho até sair de casa. Depois, veremos!

Vou falar baixinho até deixá-los na escola. Depois, veremos!

Vou falar baixinho até chegar em casa. Depois, veremos!

Vou falar baixinho até ao jantar. Depois, veremos!

Vou falar baixinho até eles deitarem. Depois, vou dormir. Amanhã é um novo dia!

4.3 Estratégias para viver momentos de valor em família

Para que nada lhe falte, aqui ficam algumas dicas para fazer com que os momentos mais tensos em família – e que também podem ser os melhores – sejam vividos com mais significado e valor.

De manhã, ao acordar

- Acorde-os mais cedo e deixe-os ficar um pouquinho entregues à preguiça.
- Vá até eles e acorde-os com um mimo, um abracinho, uma memória sua boa e simpática.
- Acorde-os devagarinho e com um sussurro. Não é porque você os acorda cheia de entusiasmo e barulho, palmas e música que garante que vão acordar bem-dispostos. Aliás, se você quer vê-los calmos, essa é a melhor maneira de não conseguir isso.
- Use a tabela das tarefas a seu favor (falei dela no capítulo 3) e peça que se levantem. Você pode dizer-lhes que vai passar dali a cinco minutos, bater à porta para lembrar que dali a dez minutos estará à espera deles na cozinha.
- Tomem o café da manhã em conjunto e, de preferência, sentados. Talvez esse seja, juntamente com o jantar, o momento que têm todos juntos. Quando são menores, é verdade que podem ser inquietos e ainda estão aprendendo a se portar à mesa. Com o passar dos anos, é muito bom começarem o dia unidos e conversarem. O que ganham com tudo isso? Muita coisa boa – primeiro, sabem que têm que sair em determinada hora de casa, e, como o café da manhã é tomado com calma, têm que se apressar logo cedo. Então cooperam, porque, se esse é um momento bom, vão querer estar presentes. Depois, quanto mais se repete, mais seguras as crianças se tornam. Todos os dias começam da mesma forma, à mesa, em família. E a família é mesmo o elo mais forte para as crianças. De qualquer idade. Ponto.

No trajeto de/e para a escola

- Se os leva e/ou se vai buscá-los na escola, aproveitem para conversar sobre várias coisas. Pode compartilhar o seu dia anterior, pode contar um pouco da sua infância, pode contar o que vai fazer durante o dia. Também pode compartilhar um pouco de cultura musical com os seus filhos e deixá-los conhecer os clássicos de que você gosta.
- Já experimentou ouvir música clássica no trajeto para a escola ou no regresso? É impressionante a forma como as crianças reagem. É frequente escolher uma estação de rádio de música clássica quando vou buscá-los – é aquele momento em que vou sozinha, só comigo.

Quando entramos no carro, não me dou conta e a música continua. Lembro-me de a minha filha mais velha ter me perguntado qual era o nome do grupo que estava cantando e o que diziam. Era uma ópera, e ela gostou muito.

- Esses trajetos são momentos muito importantes para passarmos, de uma forma natural (não vamos dar aulas às crianças, por favor), um pouco dos nossos valores e de mostrarmos o que é importante para nós. Também são momentos excelentes para escutarmos as crianças.

"Hoje não quero saber como foi o seu dia! Hoje sou eu que começo e conto o meu."

É extraordinário como essa simples frase faz milagres e magia. Mas, se você não acredita em mim, experimente e conte aos seus filhos o seu dia, o que almoçou e faça-o de forma detalhada. Depois veja o que acontece.

Antes do jantar

Aproveite para fazer o máximo de coisas antes do jantar. Além de preparar o jantar propriamente dito (e não tem que ser um banquete – quanto mais simples, melhor –, é mesmo uma questão de se organizar), concentre-se no que está realmente acontecendo em sua casa. Procure orientá-los no dever de casa, se houver, e demore-se perto deles, em uma primeira fase, para adquirirem as boas rotinas e hábitos.

Depois, deixe-os brincar e relaxar. Finalmente, peça-lhes ajuda e contribuições para acabarem de fazer o jantar. Algumas crianças gostam mais de colaborar na elaboração do jantar do que colocar apenas a mesa. Lembre-se disso.

Durante o jantar

O jantar é o momento mais importante que temos com eles, porque estamos todos e, pelo menos naqueles minutos, ninguém sai. Aproveite e torne-o um momento bom, de partilha e diversão.

Depois do jantar

Há quem goste de reduzir os estímulos e há quem vire a casa de pernas para o ar. Procure perceber o que funciona com o seu filho naquele momento. O ideal é que possamos brincar todos juntos por um tempinho. E pode ser mesmo apenas um pouquinho. Quinze a 20 minutos são o bastante. Sem distrações. Coloquem o celular próximo à porta de casa e saboreiem esse momento. Sabe o que me disseram? Que dia após dia, esses 15 minutos fazem milagres. Milagres!

4.4 Encontre um apoio

É cada vez mais frequente encontrar famílias em que existe apenas um adulto: seja porque o casal está separado, seja porque um dos elementos vive em outra cidade ou país, seja porque, mesmo estando os dois, um dos elementos ainda é uma criança. A verdade é que muitos pais estão desamparados e torna-se mais difícil... berrar baixo!

É de sua única responsabilidade encontrar um apoio. Queixar-se ou estar no limite da sua energia e força não é bom, tampouco o será para os seus filhos. Se é verdade que eles perceberão o valor do esforço, da dedicação, a realidade é que não lhe agradecerão o que faz por eles se depois você grita, ameaça e enfim... você sabe.

A sua intenção é a melhor, eu sei. Porém, se você está longe de ser a mãe/o pai que deseja e merece ser, porque é difícil conseguir tudo sozinho(a), então pare e reflita comigo:

a. De que tipo de apoio você precisa nesse momento?
- De quem fique com as crianças para você ter o seu tempo e espaço?
- De quem escute você, sem comentar ou querer ajudar? De alguém que saiba o poder de ser escutado?
- De quem lhe dê dicas, lhe inspire e lhe ajude a elaborar e a manter-se fiel a um plano?
- De quem lhe ajude na parte doméstica da casa?
- De quem lhe faça companhia, porque é difícil estar só?

b. O que você precisa fazer para arranjar o apoio de que necessita?
- Telefonar a um familiar para ficar com as crianças?
- Combinar um passeio com uma amiga para desabafar, pelo menos, de 15 em 15 dias?
- Tirar todos os dias 10 minutos para se organizar no plano que vai delinear agora? Pedir ajuda profissional que oriente e ajude você a manter-se fiel ao seu plano?

- Orientar a casa e as tarefas domésticas no sentido de não ter que estar sempre arrumando mas antes caminhar para o minimalismo e para a disciplina?
- Convidar duas pessoas amigas para virem fazer uma refeição em sua casa ou simplesmente tomar um chá?

c. Quando é que você vai começar o seu plano e com que regularidade vai olhar para ele a fim de verificar que está tudo acontecendo como deseja?

Encontre a sua tribo! Quem lhe disse que você tem que fazer tudo sozinho(a)? Você gosta que lhe vejam como uma pessoa ágil e independente? Se é assim, acredita mesmo que alguém vai julgar você por pedir ajuda? Isso, sim, talvez seja um ato de coragem e de lucidez. Cerque-se de quem estimula o que você tem de melhor e de quem lhe apoia. A vida ganha mais significado nesses momentos.

Semana 4: a maturidade

Tome nota:

— Falhar é humano; não conseguir é humano. Como adulto, você é responsável por si e pelos seus filhos – faça boas escolhas, pelo seu bem.

— Tenha um plano – você vai ver o bem que lhe faz. Como se espera, um plano B também!

— Cerque-se de gente boa e que lhe quer bem. Os outros não interessam, não lhes dê importância nem gaste o seu tempo ou energia falando deles.

— Precisa de ajuda de um profissional? O que impede você de falar com quem sabe e que possa lhe ajudar?

Pode recomeçar a leitura deste livro todas as vezes que quiser. No entanto, para levar o desafio de forma séria, e, para usar bem a sua energia, não tente fazer este desafio – faça mesmo a sério. Reveja as regras, releia o manifesto e tudo o que você foi anotando.

SESSÃO DE COACHING

SEMANA 4

Você consegue separar 10 minutinhos para preencher esta ficha? Pode ler, fique pensando nela, mas eu gostaria muito que voltasse e escrevesse nestas linhas a resposta a cada uma das questões. Combinado?

Agora que você chegou ao final deste desafio, pense no início desta aventura e anote o que melhorou em você neste período.

Recue novamente à fase em que você iniciou o desafio – em que aspectos as coisas melhoraram em sua casa?

MATURIDADE

Ao longo destas semanas, quais foram os acontecimentos que confirmaram que você estava no caminho certo?

No caso de não ter tempo para si mesmo(a), responda a esta questão: o que e como você faz para impedir-se de ter tempo para si?

No caso de encontrar tempo para si mesmo(a), responda a esta questão: como você se sente depois de ter tido tempo e de ter cuidado de si?

Quando você grita com os seus filhos ou com as pessoas mais próximas da sua vida, o que lhe vem imediatamente à cabeça?

_____
_____
_____
_____
_____
_____
_____
_____

Nesses momentos, o que você pode dizer a si próprio(a) para que consiga diminuir a intensidade da forma como está lidando com a situação?

_____
_____
_____
_____
_____
_____
_____
_____

Uma última palavra...

Obrigada por ter participado deste desafio. Uma das minhas máximas preferidas é de Lincoln, que diz: "A mão que balança o berço é a mão que governa o mundo", e essa é a minha e a sua mão. O que fazemos e como fazemos têm um impacto gigantesco na forma como vivemos os nossos dias e na forma como os nossos filhos vivem as suas vidas.

Sei que é quase impossível não termos gritado com as crianças, pelo menos uma vez.

Sei que houve dias muito bons e outros francamente ruins em que você só desejava dar "dois berros" para o desafio e mandar essa coisa da Parentalidade Positiva passear. Eu sei. Mas também sei que, quando se dá o clique, é impossível voltar atrás – pelo menos na forma como passamos a olhar e a sentir as coisas. Você pode não conseguir fazer tudo de uma vez só (nunca foi esse o objetivo, não quero que mude – lembre-se de ler isso, não lembra?), mas, agora que você conhece o momento em que vai gritar – e dificilmente dirá de novo "quando me dou conta, já estou gritando" –, saberá fazer diferente e melhor, certo?

Lembre-se de que a perfeição não existe, mas a busca pela perfeição é o que torna esta vida tão interessante, porque nos melhoramos continuamente.

Lembre-se de que educar não é um jogo de poder.

Lembre-se de que educar não é uma competição.

Lembre-se de que educar é um crescimento mútuo – entre você, o seu filho e a sua relação.

Aproveite. Foi um prazer ter estado com você nesta jornada!

"O nosso maior medo não é o de sermos incapazes.

O nosso maior medo é descobrir que somos muito mais poderosos do que aquilo que pensamos. É a nossa luz, e não as trevas, aquilo que mais nos assusta.

Vivemos com esta pergunta: quem sou eu, que me julgo tão insignificante, para aceitar o desafio de ser brilhante, sedutora, talentosa, fabulosa?

Na verdade, quem sou eu para não o ser?

Procurar ser medíocre não vai ajudar em nada o mundo nem os nossos filhos.

Não existe nenhum mérito em diminuir os nossos talentos, apenas para que os outros não se sintam inseguros ao nosso lado.

Nascemos para manifestar a glória de Deus – que está em todos, e não apenas em alguns eleitos. Quando mostramos essa glória, inconscientemente damos permissão para que os outros possam também manifestá-la.

Quanto mais livres formos, mais livres tornamos aqueles que nos cercam."

Marianne Williamson

Agradecimentos

Quando me sentei pela primeira vez para pensar a quem gostaria de agradecer, percebi que a minha lista era enorme. Sei o valor da gratidão – até tenho um caderno só para esse fim – e estou muito grata e feliz pelos encontros que a vida tem me proporcionado.

Neste projeto, em específico, agradeço à querida Sofia Monteiro, a minha editora de sempre, pela confiança que tem no que faço e pelo incrível trabalho que fazemos juntas. A sua energia, o seu foco e a forma como descobre o extraordinário são o seu maior dom. Obrigada por me tornar melhor!

Agradeço a todos os pais com quem já trabalhei, pela confiança e também pela dedicação ao seu maior projeto: os filhos. Obrigada a todos os que leem o *blog*, que compartilham e vibram com o tema da Educação e Parentalidade Positiva!

Agradeço também às escolas, às associações de pais, às empresas e às autarquias com que tenho trabalhado de forma muito próxima, pela possibilidade de ajudar a criar laços e pontes para o futuro, em nome de um mundo melhor, com pessoas melhores.

A Ana e a João, cuja amizade nasceu graças ao *Mum's the Boss*, pelas conversas, desabafos, compartilhamentos e abraços – é incrível o poder da amizade!

Aos meus pais, a João e Rui, que me ouviram falar e vibrar com este projeto... muitas vezes! Obrigada pelo seu entusiasmo e pela sua escuta!

A Carmen, a Gaspar e Guillaume... obrigada por todo o seu amor e por todo o apoio, em todos os momentos.

Autores que gosto de ler

Gretchen Rubin, *The happiness project*, 2018.
Daniel Goleman, *Inteligência emocional*, 1996.
Daniel J. Siegel e Tina Payne Bryson, *O cérebro da criança*, 2015.
Jane Nelsen, *Disciplina positiva*, 3ª edição, 2015.
Marie Kondo, *Arrume a sua casa, arrume a sua vida*, 2015.
Gordon Neufeld, *Hold on to your kids*, 2006.

Para visitar: Flylady.net
Canal YouTube e *Blog: Mum's the boss*

ANOTAÇÕES

ANOTAÇÕES

ANOTAÇÕES

ANOTAÇÕES